金融城
CFCITY

打造一流的人才培养、行业研究和政策交流平台，
推动中国金融业在金融科技时代转型升级。

金融城·新金融书系
CFCITY NEW FINANCE BOOKS

科技赋能金融 II

中国数字金融的最佳实践

金融城金融科技创新案例编写小组 ◎ 著

Technology Empowers Finance :
Best Practice of Digital Finance in China

 中国金融出版社

责任编辑：张　铁
责任校对：潘　洁
责任印制：张也男

图书在版编目（CIP）数据

科技赋能金融：中国数字金融的最佳实践/金融城金融科技创新案例
编写小组著．—北京：中国金融出版社，2019.4
ISBN 978－7－5220－0046－6

Ⅰ.①科⋯　Ⅱ.①金⋯⋯　Ⅲ.①金融—科学技术—技术革新—案例—
汇编—中国　Ⅳ.①F832.35

中国版本图书馆 CIP 数据核字（2019）第 054814 号

科技赋能金融：中国数字金融的最佳实践
Keji Funeng Jinrong: Zhongguo Shuzi Jinrong de Zuijia Shijian
出版
发行　**中国金融出版社**
社址　　北京市丰台区益泽路 2 号
市场开发部　（010）63266347，63805472，63439533（传真）
网 上 书 店　http://www.chinafph.com
　　　　　　（010）63286832，63365686（传真）
读者服务部　（010）66070833，62568380
邮编　100071
经销　　新华书店
印刷　　北京市松源印刷有限公司
尺寸　　170 毫米×230 毫米
印张　　15
字数　　166 千
版次　　2019 年 4 月第 1 版
印次　　2019 年 4 月第 1 次印刷
定价　　45.00 元
ISBN 978－7－5220－0046－6
如出现印装错误本社负责调换　联系电话（010）63263947

金融城新金融书系简介

融城教育，简称金融城（CFCITY），是中国金融四十人论坛（CF40）旗下金融教育咨询品牌，致力于打造一流的人才培养、行业研究和政策交流平台，推动中国金融业在金融科技时代转型升级。

六年来，金融城聚焦金融科技、消费金融、资产管理等前沿领域，携手金融政、商、学界领袖，为金融创新创业者提供了专业、前沿的知识分享，及时、权威的政策信息。目前已为800多家商业银行和金融科技公司提供了高质量的培训和研究服务，赢得高度评价。

金融城设立的"金融城新金融书系"，专注于金融科技、消费金融、资产管理等领域，基于研究和研讨成果，出版系列图书，力图成为兼具理论、实践、政策价值的权威书系品牌。

"新金融书系"由中国金融四十人论坛旗下上海新金融研究院（SFI）创设，立足于以创新的理念、前瞻的视角，追踪新金融发展足迹，探索金融发展新趋势，求解金融发展新问题。中国金融四十人论坛旗下北方新金融研究院（NFI）、北京大学数字金融研究中心、金融城也相继加入"新金融书系"，丰富了"新金融书系"的品牌内涵。

序 一

刚刚过去的 2018 年,是中国改革开放的 40 周年,也是中国金融业变革与发展的 40 年。金融行业的这 40 年实际上有两大主线,一是金融行业体制与机制的市场化取向改革;二是信息技术对金融的影响,或者说是金融科技的 40 年。这期间,由于信息技术的推动,整个金融业务体系运营方式发生了两次系统性迁移。

第一次迁移,是从人工业务处理方式向计算机自动化业务处理系统的迁移。这一次的系统迁移,是以信息技术为高速计算和数据通信的工具手段,通过广泛的连接、布局,使银行前、中、后台和组织体系的横向、纵向互联互通,形成了以计算机为基础的现代化金融业务处理系统。这个过程是对延续了几个世纪的传统金融作业方式的颠覆性变革,我们在相当一段时期把这个历程称为金融电子化。

第二次迁移,是以银行物理网点为主体的线下服务系统向基于互联网线上服务系统的迁移。当下依然还处于这次迁移的进程当中,体现为以前到银行网点面对面的金融服务,逐渐演变成不需要面对面的金融服务。甚至于,无论个人还是机构的所有金融业务,集中在手机或者其他终端上进行一站式的处理,实现了金融服务的随时、随地、随身。

可以说,现在整个金融科技的发展,都是在两次迁移基础之上展开的。而在这个过程中,科技的运用对金融体系带来了三大变革。

一是工具变革，由于人工业务处理向计算机自动化业务系统迁移，科技作为工具或手段，推动了传统金融体系的效率变革，即经营成本的下降和营运效率的提升。

二是模式变革，由于业务从线下向线上迁移，科技在金融领域的角色发生转变，科技对金融逐步反客为主，由效率工具的被动角色，转变为驱动变革的基本力量，由技术支持上升为技术引领，驱动金融业务模式变革。

三是体系变革，金融体系在科技的作用下，正在进行解构与重建。传统金融机构的业务流程正在分解与重组，核心环节自主把握，其他环节与科技企业合作或外包给金融科技企业。科技与金融全面、深度融合，主导金融的未来发展方向，驱动金融发生更深刻的全方位变革。

金融体系的全方位变革，带来了金融机构体系的结构性变化：一方面，主流金融机构争先恐后向科技金融型机构转型，努力增强金融科技能力；另一方面，一大批金融科技服务型企业应运而生，其中一些具有强大科技创新能力的企业迅速成长壮大为独角兽体量级别，体现了金融科技的强大生命力和未来发展趋势。

在金融科技发展的新时期，需要对真正具有创新价值的案例进行深入研究与讨论，为行业未来的发展提供启示和引导。因此，由中国金融四十人论坛（CF40）旗下的金融城举办的"金融科技创新案例评选"活动，就显得很有意义。

案例评选已成功举办了三届，我有幸都参与了最后的终审评选。本书收录的案例是第二届评选的获奖案例。金融城在全国征集了近百个金融科技创新创业案例，初选出 18 个案例进行现场答辩和终评。现场答辩是一个可以明确案例价值的有效形式，评委会对案例的主要负责人当面提问并面对面交流，可以更快、更准确地了解案例在商业模式、技术应用中的创新点，以及在风险可控性、消费者保护等方面的考量。

经过评委们的现场独立投票，选出的获奖案例涵盖了国有大型银行、股份制银行、城商行、民营银行、金融科技公司等不同类型的机构，涉及了智能投顾、直销银行、大数据风控等多个业务领域，一定程度上代表了近段时期金融科技在提高金融服务的效率与普惠性、降低交易成本与业务风险、服务于实体经济的探索成果。

金融城在金融科技创新案例评选的基础上，组织案例编写小组进一步深入案例企业进行调研、访谈，历时一年完成了这本案例集，以第一手资料，生动、翔实地记录了一幅"金融机构 + 金融科技"创新发展的时代轨迹，读来不仅让我们看到了变革时期金融与科技如何融合并催生创新，掩卷后也引导我们思考金融科技之所以狂飙突进的时代进化逻辑。

2017 年召开的全国金融工作会议，要求金融工作遵从四个重要原则——回归本源、优化结构、强化监管、市场导向。我想，这些原则同样适用于金融科技的下一步发展。正如中国人民银行主管科技的范一飞副行长所言，相信金融科技未来可以在"守正、安全、普惠、开放"的道路上行稳致远，展现更为生机勃勃、繁荣昌盛的前景！

万建华

上海市互联网金融行业协会会长

2019 年 3 月 31 日

序　二

习近平总书记在中共中央政治局第十三次集体学习时强调要深化金融供给侧结构性改革，增强金融服务实体经济能力，并明确提出要适应发展更多依靠创新、创造、创意的大趋势，推动金融服务结构和质量来一个转变。当前，随着人工智能、大数据、云计算等新一代信息技术的深入发展，金融与科技融合程度更加紧密，互动态势更加明显，为深化金融供给侧结构性改革增添新动能、提供新手段。

回顾金融发展史，可以发现，金融与科技的融合创新由来已久。集成电路技术发展使得计算机设备从286、386的微型机到小型机、云主机演变。互联网的出现，推动计算机网络向互联、高速、智能化方向发展。通信技术特别是互联网技术使得金融在跨时间、跨空间资源配置方面的效率大幅提升。金融业在科技的支撑推动下，先后经历金融电子化和信息化阶段后，正向移动化、网络化、场景化和智能化更高阶段发展。金融服务已从金融机构实体物理网点、ATM，拓展到网上电子银行、金融 APP，并结合场景嵌入每一次搜索和点击中。科技对金融的作用，也从支持、支撑，到驱动、引领。如今，科技已不仅仅是金融业后台的配角，它也正日益走向金融舞台的中央而备受关注。

当前，云计算、大数据、人工智能、区块链等技术，在支付清算、投融资、财富管理、零售金融等领域的应用探索日益深入，为提升金融服务质效、促进普惠金融发展提供了良好的技术支撑。比如，云计算架构以其降低IT成本、高可靠性和高可扩展性、自动化程度高等特点，正在成为金融领域IT基础设施的主流选择。大数据技术应用在金融领域客户管理、风险管理、信用评估等方面，可提高业务拓展精准性，增强对逾期违约或欺诈的预警时效性。人工智能与金融业的结合有望推动金融服务流程自动化、智能化水平提升，帮助金融机构形成覆盖前、中、后台的全生命周期智能金融体系。区块链技术在供应链金融、跨境支付、资产证券化、资产托管等场景正在从概念验证逐步落地于实践应用，发挥其在防篡改、可追溯、多方协同等方面的优势。

但同时我们必须清醒地认识到，科技驱动下的金融创新，其本质还是金融。它并未改变金融的功能属性和风险属性，还可能会带来一些新的问题和风险挑战。比如，部分机构数据安全意识薄弱，违规使用数据资源，从而导致数据安全和隐私保护问题。一些机构网络安全系统不健全，可能因受到拒绝式服务攻击或自身系统、网络故障而导致服务中断，引发网络安全问题。机构、账户、数据和基础设施等方面的关联性不断增强，金融与科技边界日益模糊，容易导致责任认定不清的问题。金融活动的实时性和不间断性越发明显，金融产品跨行业跨市场特征日益突出，给传统的分业分段式监管和机构监管模式带来挑战。

面对上述问题和风险挑战，应本着趋利避害、规范发展的原则，凝聚政界、业界、学界的智慧，促进发展与防范风险并重，金融科技与监管科技同步，注重做好以下工作：

一是倡导正确理念。始终把服务实体经济和人民生活作为金融科技发展的出发点与落脚点，紧扣经济社会发展需要，合理运用技术手段，增强金融供给对实体经济需求变化的适应性和灵活性。注重发挥技术优势，提高金融交易效率，降低服务边际成本，为小微企业、农民等服务对象提供更多价格合理、安全便捷的普惠金融服务。

二是加强顶层设计。结合当前我国金融科技发展和监管现状，密切跟踪金融科技发展国际动态，在互联网金融风险专项整治经验和人民银行金融科技委员会工作成果基础上，加强金融科技的顶层设计，厘清金融科技业务边界和责任划分，按照"凡是金融业务都应该纳入持牌监管"的原则，科技回归科技支撑，金融回归金融本质，推动金融机构、科技公司间的合作模式更加合规和可持续。

三是平衡创新监管。研究国际上监管沙箱的实施效果，探索兼具试错容错和弹性调整能力的金融科技创新管理机制，对有利于多层次金融体系建设、发展数字普惠金融的创新模式，在有标准、有约束、有监管、可退出的前提下提供支持的政策环境，加强创新业务生命周期安全管控，做好信息安全保护，避免野蛮生长造成监管被动。

四是加强手段建设。大力发展监管科技，综合利用大数据、人工智能、区块链等关键驱动技术，优化金融监管流程，提升金融监管效能。注重发挥行业自律组织在基础设施建设、行业统计、登记披露、风险监测、信息共享、标准研制、风险提示、消费者保护等方面的作用，积极搭建监管与市场、国际与国内双向沟通渠道。

当前，新一轮科技革命和产业变革正不断深化，金融科技尚处于不断发展成熟过程中，还有很多基础性工作需要深入探索和持续推动。金融城依托金融科技创新案例评选活动组织撰写了《科技赋能金融》，以生动、形象、严谨、细致的写作风格，精心遴选来自金融机构、金融科技公司等不同类型从业机构的多个典型案例，深入剖析金融科技创新应用实践和效果，是一部具有重要参考价值和实践意义的专业案例集，相信会对广大读者和金融从业者大有裨益。

是为序。

陆书春

中国互联网金融协会秘书长

2019 年 3 月 31 日

前　言

从 2016 年国务院发布《互联网金融专项整治实施方案》开始，"金融科技"逐渐取代"互联网金融"，成为一个新的热词。这个词被国际组织第一次定义，是在金融稳定理事会 2016 年发布的《金融科技的描述与分析框架报告》中，即通过技术手段推动金融创新，形成对金融市场、机构及金融服务产生重大影响的业务模式、技术应用以及流程和产品。巴塞尔银行监管委员会将金融科技分为支付结算、存贷款与资本筹集、投资管理、市场设施四类。[①] 在中国市场上，前两者的应用最为广泛，创新最为突出。

金融科技并非突如其来，横空出世。现代银行业原本就是一个构筑在技术之上的行业，从算盘到电脑，从 PC 端到移动端，银行业在技术的迭代中不断发展与进化。近年来，云计算、大数据、区块链等新技术的出现，给了行业新的想象空间；更重要的是，互联网巨头和新锐的金融科技公司在市场上纵横驰骋，肆意占领场景，抢夺客户，把原本躺在高息差蜜罐里的商业银行彻底惊醒了。

招商银行是最先觉醒的银行之一，招商银行行长田惠宇在 2018 年年报致辞中铿锵有力地说："科技变革的滚滚洪流，势必将中国银

[①] 李文红，蒋则沈：《金融科技的发展与监管：一个监管者的视角》，载《数字金融 12 讲》，中国人民大学出版社，2017。

行业推入以新商业模式取胜的 3.0 阶段。科技是金融供给侧改革的根本动力。在肉眼可见范围内，金融科技可对传统银行所有业务及经营管理进行全流程数字化改造、智能化升级和模块化拆分。一个数字化、智能化、开放性的银行 3.0 时代正在到来，它将彻底改变商业银行的服务模式、营销模式、风控模式、运营模式，拓展银行的服务边界，最终改变银行的增长曲线。"

在金融科技的跑马场上，逐渐形成了群马奔腾、各领风骚的态势。互联网巨头以前沿科技和无所不能的气势攻城略地；商业银行携雄厚的资产、人才、客群和巨额的科技投入，加速收复失地，捍卫霸主地位；新锐的金融科技公司若有网络小贷或消费金融牌照加持，其裂变式生长的势头令人侧目，若无牌照又不愿打政策的擦边球，便以技术合作伙伴的身份与商业银行并驾齐驱。

新的商业模式挟金融科技之名喷涌而出，某种程度上模糊了制度边界，让风险隐患在创新的水面下暗涌，也给监管部门制造了不小的难题。放眼全球，皆无明晰又靠谱的监管规则可循，更谈不上统一的标准，使得市场主体与监管部门之间自然而然地形成了博弈。这时，就需要一个连接业界与监管部门、传统金融机构与金融科技机构的平台，一个深度沟通、平等对话的平台。因此，金融城联合20 家主流商业银行和金融科技公司于 2016 年创立了新金融联盟（简称 NFA），通过学术研讨、企业参访等方式，促进监管、业界、学界平等开放地交流，推动建立一个更加健康、平衡、稳定的金融科技新生态。

2016 年，新金融联盟创设了"金融科技创新案例评选"，遴选和展示国内金融科技创新的优秀成果，为行业树立标杆，传递正能量。为了尽可能做到专业、权威、公平、公正，NFA邀请了来自人民银行、银保监会、中国互联网金融协会、上海市互联网金融行业协会、北京大学数字金融研究中心等机构的十位顶尖专家担任评委，采取初选、复选、终审答辩的方式，每年在全国范围内公开遴选十佳案例。截至2019年4月，已成功举办三届，共选出29个获奖案例，其中一个空缺是评委会秉持"宁缺毋滥"原则而形成的。第四届评选已经启动。

第一届评选的获奖案例由北京大学数字金融研究中心谢绚丽教授领衔，组织多位专家学者撰写而成，已于2018年出版。本书为第二届评选的九个获奖案例，由金融城、中国金融四十人论坛、上海新金融研究院的8位同仁执笔。其中，摩羯智投案例由廉薇执笔并引用了谢绚丽教授的部分访谈资料，上海华瑞银行和金融壹账通案例由熊静执笔，新网银行和通付盾案例由马骁执笔，度小满金融案例由申晓宇执笔，宜人贷案例由孟凡钰执笔，上海银行案例由徐嘉翊执笔，梆梆安全案例由张霞和孙丰伟执笔。廉薇还指导了团队的访谈和写作，帮助成员设计访谈提纲，审核修改稿件，特此致谢。

特别感谢中国互联网金融协会秘书长陆书春、上海市互联网金融行业协会会长万建华为本书作序，衷心感谢NFA理事长、中国工商银行原行长杨凯生，NFA学术顾问、北京大学数字金融研究中心主任黄益平教授，NFA学术顾问、国务院发展研究中心金融研究所原所长张承惠推荐本书。他们同时担任了案例评选的评委，以认真而严谨的态度参与了评选。

在案例访谈和撰写过程中，我和写作团队最大的感受就是，金融科技行业唯一不变的就是变化。从案例评选到调研写作的短短一年里，从监管政策到市场机构都发生了不小的变化。

第一，监管政策逐步收紧。银保监会正在制定商业银行互联网贷款管理办法，约束联合贷款的单笔额度、出资比例和客户群体，规范商业银行与金融科技公司的合作，意味着互联网贷款作为商业银行数字化转型的一个代表之作，同样不能脱离监管的框架。网贷行业的变化更加剧烈，预期中的合规备案并未如约而至，上千家网贷平台相继退出市场，部分平台甚至涉嫌违法进入司法程序，监管部门终以"175号文"中"能退尽退，应关尽关"的严厉措辞为网贷行业画上了句点。从鼓励互联网金融健康发展，到以防范化解重大风险为首要任务的强监管、严监管，监管态度的变化不可谓不大。

第二，长尾人群的融资需求带来无限商机，与行业无序发展形成悖论。无场景的个人信用贷款是商业银行的传统业务，俗称现金贷，技术进步和消费意识的觉醒，孕育出巨大的市场空间。但部分金融创新创业者过于激进，甚至放弃底线，将其扭曲为高利贷、超利贷，背负上高息暴利与恶意催收的恶名。2017年底，《关于规范整顿"现金贷"业务的通知》出台，阳光下的现金贷基本销声匿迹，水面之下却"春风吹又生"，直到2019年"3·15"晚会爆出"714高炮"等严重问题。这也反映出市场的融资需求是真实存在的，政策须在堵与疏之间作出选择。

第三，企业在市场形势和监管形势急剧变化下纷纷主动调整，积极应对。金融科技从传统金融机构眼中的"奇技淫巧"，成了助力转型发展的利器。各大银行纷纷成立金融科技子公司，与BATJ（百度、阿里巴巴、腾讯、京东）等互联网巨头战略合作，创立"开放式银行"等新型业务模式。由于企业定位和牌照、准入方面的限制，部分"互联网金融"巨头迅速自我调整，像原百度旗下的金融科技相关业务独立为度小满金融，而京东则将旗下相关业务的品牌升级为更具科技色彩的"京东数科"。

研究、分析与描绘一个处在快速发展中的行业，难度很大。为了取得第一手素材，写作团队多次访谈获奖企业的中高级管理人员和技术专家，不断调整写作框架与具体内容，以求真实地反映获奖案例的来龙去脉，蕴含其中的业务逻辑和创意思维，呈现团队对于创新探索的执着、艰辛和困惑。在此感谢九个获奖企业为写作团队安排了访谈，并提供了大量素材。

本书是金融城2012年成立以来出版的第一本关于金融科技的专著。受写作时间、专业知识和研究深度所限，书中必定存在疏漏与不足，恳请各位专家学者、从业人员以及读者朋友批评指正。未来，金融城还将为后续的"金融科技创新案例评选"结果撰写更多金融科技方面的文章和著作，为监管部门和业界同仁提供参考，为金融科技行业又好又快地发展贡献一份绵薄之力。

吴雨珊
金融城首席执行官、新金融联盟秘书长
2019 年 3 月 31 日

目 录 contents

摩羯智投：

智能投顾的进化之路

2018 年 1 月，深圳招商银行总部，偌大的会议室里气氛凝重严肃。招商银行财富管理部副总经理王洪栋，时任摩羯智投项目负责人、首席策略分析师廉赵峰，以及摩羯智投团队的所有成员悉数在场，会议当天讨论的重点是招商银行视为最重要的一项考核指标——客户满意度。

"摩羯智投的投诉率这么高，是什么原因？"王洪栋发问道。摆在他面前的是一份摩羯智投运行一年来的总结。作为国内银行业推出的第一款智能投顾产品，招商银行的摩羯智投自 2016 年 12 月 6 日上线一年来，已经突破百亿规模，用户数不断攀升，在国内智能投顾领域遥遥领先，但抱怨与投诉也随之而来。

"摩羯智投的收益比××差远了""摩羯智投怎么天天亏损啊？到底靠不靠谱？""我前些日子投了 2 万元进去，一看亏损了，赶紧赎回，就剩 1.9 万元了……""摩羯智投就是一个坑，大家千万别进！"

高品质的客户服务一向是招商银行的金字招牌，不仅给招商银行带来了口碑，也奠定了其"零售之王"的行业地位。但如今，尚在襁褓期的摩羯智投却受到客户质疑和指责，这让视其为自己孩子的廉赵峰心里很不好受。来不及为一年来突飞猛进的用户量与规模增长而欣喜，团队立刻就客户反映的问题展开了讨论。

"既然客户有不同的投资风格和期望，那么我们可以让摩羯智投投其所好，尽可能满足他们对收益的期望。至于伴随而来的高风险，就由客户自己来承担好了。"团队中有人提出。

但廉赵峰认为，"摩羯智投与招商银行推崇价值型投资的稳健风格一脉相承，不能与市场上一些风格激进的机构相比。如果一些追求短期高收益的客户不能认同摩羯智投的投资理念，那么就让他们退出好了，我们无须挽留。"

"就像一列过山车，中间起伏波动很大，尽管大多数基金产品在足够长的时间里会获得可观的收益，但可能投资者早就换了好几茬了，而且基金申赎费率不低，从投资者的角度来看，其实很难赚到钱。因此客户持有期过短才是更值得我们关注的一个问题。"廉赵峰接着分析，"从历史上看，只有降低资产组合的波动性，使客户获取稳健回报，客户才能做到持有更长时间。"

看着大家激烈争论，王洪栋的思绪回到了2015年，股灾前的场景历历在目。市场从2014年10月份开始一路上涨，最疯狂的时候是2015年4月到6月，市场从4000点涨到5000点，市场上的公募基金产品供不应求，甚至出现了8只百亿元规模的基金。当时招商银行内部也经历过一场类似的争论，最后决定4月份开始停发股票产品，并数次下发红头文件，动员客户经理及时提醒投资者谨慎入场，但是这种做法并不能完全得到客户的理解。到了2015年6月，市场开始崩盘……

如今面对这些质疑，王洪栋态度坚定，他相信自己团队的专业能力，坚决不改变摩羯智投"低回撤、低波动、稳定回报"的定位，"我们看重的是基金长期的盈利增长，看稳定性，短期的东西我们不去追。因为只有这样才能帮助客户选到价值型的基金公司，帮客户做到风险分散。"

尽管摩羯智投明确了投资策略，但是由于客户欠缺专业能力，面对市场波动和亏损时难免心生恐慌，甚至干脆割肉离场，这暴露出了摩羯智投面临的一个挑战：招商银行原先主要依靠线下的理财经理为客户提供一对一的全天候服务，在线上缺少顾问服务，无法及时安抚客户并给出针对性的投资建议。面对这个问题摩羯智投该怎么破？

一、智能投顾行业的兴起

智能投顾（Robo-Advisor，又称为机器人投顾）业务，是一种基于资产配置理论，利用算法和金融科技来实现有效资产配置的数字化服务。人工智能的发展为智能投顾业务的发展奠定了基础，智能投顾可以通过模型控制风险和收益计算出符合要求的最优投资组合，实现量化定制策略和智能调仓，一定程度上代替传统投资顾问，为更多的人提供更高效的服务。但智能投顾本质上还是以科技为工具，将投顾服务标准化来服务更多的人，仍然需要客户选择自己的预期收益和风险承受能力。

2008 年智能投顾就开始在美国生根发芽，最早由 Betterment 等创业机构发起，目前已有十年的历史，但最近几年才在美国财富管理市场取得了突破性发展。

在美国，金融市场发展成熟、有效性高，投资大类资产即可获得长期稳健的收益，由于资产配置对专业能力有一定要求，大众通常需要投资顾问提供投资建议，而传统金融机构投资经理人服务费用高昂，广大中产阶级难以负担。所以美国广大投资者面临的问题并非提高收益，而是降低成本，以极低的边际成本服务众多客户的智能投顾业务应运而生。

智能投顾的主要优势在于智能化、被动化以及较低的管理费用。机器的应用显著降低了投资者的服务费用，使广大中产阶级也可以享受到专业的顾问服务。

美国智能投顾服务的发展历程大致可以分为两个阶段。

第一个阶段是 2008 年至 2015 年的科技企业主导阶段，由 Betterment、Wealthfront 等科技创新企业主导。但由于技术门槛较低及与传统金融相比品牌优势不足，科技企业管理资产规模增长较为缓慢。

第二个阶段是传统金融机构发展阶段，在 2015 年后，传统金融机构如 Vanguard、Charles Schwab、Black Rock 纷纷通过自建或收购平台，在传统金融服务的基础上提供智能投顾产品。传统金融机构在品牌、获客能力、资产管理能力及提供顾问服务等方面具有显著优势，资产管理规模迅速增长，占据行业领先地位。

传统金融机构入围后，依托其庞大的客户群体，资产管理规模增长迅速，也带领美国的智能投顾业务在 2017 年迎来井喷式增长。截至 2017 年 6 月 30 日，美国智能投顾管理资产规模已达千亿美元，短短几个月规模翻了三倍。

2014 年底，智能投顾概念开始引入我国。我国智能投顾的发展路径与美国类似，先是涌现了一批科技创业企业，例如弥财、理财魔方等。2015 年下半年，传统金融机构也开始布局智能投顾。

2016 年底，伴随着 AI 技术成为市场热点，智能投顾发展迅速。2016 年 12 月，招商银行推出摩羯智投，是国内首个银行系机构推出的智能投顾产品。此后各大银行、券商等金融机构也纷纷推出自己的智能投顾产品，如浦发银行的财智机器人、兴业银行的兴智投、华夏基金的查理智投、广发证券的贝塔牛等。2017 年 11 月工商银行也正式推出其智能投顾产品"AI 投"。除创业公司与传统金融机构以外，互联网巨头也想在智能投顾领域分得一杯羹。互联网巨头以京东智投为代表，拥有庞大的客户资源，在基金销售端占据优势。

二、摩羯智投的诞生

（一）财富管理的探索——五星之选榜单

摩羯智投这个明星产品的诞生，源于招商银行零售业务核心能力的积累，以及在财富管理领域十余年的深耕。

1987 年 4 月 8 日，中国第一家完全由企业法人持股的股份制商业银行在深圳蛇口工业区成立。没有经验、没有制度、初成立的招商银行宛如一张白纸。三十年间，招商银行从一个偏安一隅的小银行，成长为我国第六大银行，以及跻身国际榜单《财富》500 强企业前列的大型股份制银行，被誉为"零售之王"。截至 2017 年底，招商银行公募基金总销量行业排名第一；管理私人银行资产规模行业排名第一；信用卡全年交易额行业排名第一。

招商银行的成功，可以用十二个字概括，那就是：重市场、重服务、重科技、重营销。招行人坦言，这种看似的"先知先觉"多少是被自己中小商业银行的身份地位逼出来的。

2004 年，招商银行开始推进第一次转型，战略重心从公司业务、贷款业务为主转向发展零售业务。

王洪栋当时正在招商银行北京分行，经过深入考察与研究，发现国际上像花旗、汇丰、恒生等大型零售银行，业务重心都是代理销售，也就是所谓的财富管理，而公募基金配置是其中一个重头戏。

公募基金是标准化、信息披露完善的一类产品。由于公募基金投资范围非常广，包括股权、债权、现金、货币、另类商品等，各类型产品非常丰富，绝大多数客户的投资需求可以通过公募基金得以满足。而且，对于财富管理机构来说，公募基金产品的利润率相对最高。也正因为如此，公募基金配置成为招商银行的重点业务。

在国内，公募基金早在1998年就已经起步，但到2006年都处于不温不火的状态，直到2005年股权分置改革之后，股票市场和基金市场才迎来发展契机。2006年初，招商银行开始陆续接触各家基金公司，并开始思考如何给客户配置公募基金。

但是，由于市场波动频繁，公募基金容易亏损，因此要非常谨慎。2007年初，王洪栋所在的招商银行北京分行，认为银行作为一个财富管理机构，如果只作为一个信息通道，并没有发挥自身的价值，应该为客户提供更好的服务，于是开始开展为客户筛选基金的工作。

经过了半年多的准备，2007年初招商银行北京分行推出了"五星之选"基金榜单，从400多只基金当中挑选出十几只表现好的股票或债券型基金推荐给客户，而这也成为国内银行业的第一个基金筛选榜单。

幸运的是，"五星之选"榜单一经推出，恰逢2007年牛市，榜单上的基金表现优异，榜单知名度大幅提升，也大大拉动了基金销量，当年，招商银行北京分行在北京市场上基金销量一举超过了工商银行，一战成名。

然而2008年国际金融危机爆发，股市遭遇重挫，榜单的效果也大幅下降。到2009年初，招商银行的客户经理、客户，包括设计推出榜单的团队，都对榜单产生了怀疑，但是王洪栋认为给客户推荐榜单这件事情是对的，所怀疑的只是自身能力的不足。事实上，早期的榜单确实比较粗糙，选择维度比较粗放，基本上是借鉴一些评级机构的评级结果，专业度比较欠缺。

明确了方向之后，从 2009 年开始，招商银行北京分行开始重新构建基金选择体系，增加在研究方面的投入，增加量化分析等方法，构建基金选择模型。到 2010 年，招商银行又重新推出"五星之选"榜单，因为效果非常好，便由北京分行推广到全国各分支行，并在总行建立基金工作室，正式进行基金的评价、选择并发布榜单，进行规范化管理。

（二）尝试基金组合管理

2010—2011 年期间，股市与债市的表现交替变化，又暴露了基金榜单的一个局限性——由于榜单只能向客户推荐单只基金，风险分散程度不够。而要给客户做一个好的配置，除了提供一份好的推荐榜单，最主要的还是能够提供帮助客户做好组合管理的建议。

经过研究和尝试，2011 年招商银行开始用 A4 纸折页的形式给客户推荐股债基金的组合，但效果仍不理想，一方面由于无法动态调整和及时预警风险；另一方面由于当时的设备主要是 PC，直接触达客户以及与其交互的硬件条件尚不具备，无法为客户持续提供跟踪服务，及时性、有效性、信息的完整性都不够，而通过客户经理再去传达给客户又周期太长。因此基金组合管理迟迟难有进展，始终没有迈出实质性的一步。

2015 年，整个市场又经历了一次剧烈波动。在牛市接近高点的时候，绝大多数基金公司疯狂发基金圈钱，而招商银行却接连发布红头文件，动员客户经理要提醒客户谨慎购买偏股型基金。尽管如此，最后也没有抗住市场的下跌。很多客户经历了一波牛市，却没能赚到钱，甚至有些客户损失惨重。

中国证券投资基金业协会曾做过一个统计，2003 年至 2016 年，公募基金中的偏股型基金年化回报在 13% 左右，债券基金年化回报大概在 6%，业绩超过几乎所有理财产品和绝大多数的信托。但是购买基金的客户绝大多数却是亏钱的，并没有感受和分享到这一收益。

对此，王洪栋和他的同事们也进行了反思：为什么基金产品的收益与客户的收益相背离？原因就在于客户作为个人投资者受专业能力所限，而且由于人性上的恐惧和贪婪，往往是顺周期投资，市场上涨时客户购买基金的热情也随之高涨，市场惨淡时却少有人问津。而且，客户持有基金的时间特别短，一半的客户持有时间不到一年，而基金只有在一个足够长的时间才能获得比较好的回报，短期内很难保证收益为正。

基于这些原因，王洪栋开始思考如何通过专业服务来改变客户的这种状态，帮助其做好配置，提高赚钱的概率。

与此同时，智能手机与 APP 等技术的成熟，以及包括东方财富、蚂蚁金服在内的财富管理 APP 的迅速发展，使得王洪栋看到了新的契机，重拾为客户做基金投资组合管理的想法，在此前五星之选榜单的基础上，给客户提供直接面向 C 端的顾问服务。

（三）试水智能投顾

2015 年七八月份，王洪栋被调至总行，开始动手做组合管理。对于搭建组合已经非常熟悉的招商银行来说，突破的关键在于触达 C 端客户的技术。

在广大客户金融行为向线上迁移的大背景下，招商银行认识到，银行业必须顺应数字化时代的改变，重塑新的商业模式与能力，以金融科技为核心，探索"网点 + 银行 APP + 场景"新模式，通过线上线下全渠道融合的方式，破解零售获客和经营的难题。在移动客户端，招商银行 APP 成为承载招商银行金融科技应用的重要端口。

彼时，招商银行正在进行手机银行 5.0 版本的升级。在"移动优先"的战略方向下，APP 也重新定位，并把财富管理作为 APP 的一个主攻方向。

2015 年底，在王洪栋的统筹与牵头下，从招商银行财富管理部门内部调集了五名人员，组成了摩羯智投的创始团队，其中一个就是廉赵峰，负责产品研究和策略分析，其他还包括一名量化模型开发人员、两名系统框架设计和 IT 对接人员，以及一名品牌推广与运营人员。

刚开始，摩羯智投的团队只是考虑要给客户做组合服务，帮助客户及时对组合提出合理化的建议，并没有考虑要做智能投顾，但当真正着手研究时才发现，要应对数万名客户的个性化诉求，就不能是一个简单的组合，而必须是智能化的、个性化的组合，而且要能根据市场的变化进行组合的动态调整。但是怎么实现智能化？这时团队开始钻研机器学习，并对国内外的公司展开全面调研，视野一下子就打开了。

恰好在 2014—2015 年，智能投顾的概念从国外引入中国。招商银行领导敏锐地认识到这将是未来的一个发展方向，对此非常重视，决定借鉴国外经验，也开始研究开发智能投顾的工具。

可以说，智能投顾是招商银行应对长尾客户需求的必然发展结果，而非单纯追逐热点之举。一方面，智能投顾可以帮助客户解决不知道该怎么做资产配置的问题，并通过顾问式服务帮助客户做到长期持有；另一方面，智能投顾可以成为理财经理服务客户的一个有效辅助工具，通过推荐个性化的资产配置方案以及"一键购买"功能，大大简化流程，提升服务效率，改善客户体验。

（四）组织协调配合

2016 年初，阿尔法狗（AlphaGo）一炮走红，金融科技、智能投顾成为热门领域，招商银行内部很多部门，比如 IT 部门、手机银行团队、资管部门，甚至包括后台的托管部都对智能投顾业务跃跃欲试。面对新事物，行长并没有直接指定由哪个部门具体来做，而是给了充分的空间让各个部门来尝试。

在内部的第一次沟通过程中，财富管理部门对智能投顾业务的理解程度最高，准备功课最足，于是最终确定由财富管理部门主导，其他部门配合，立刻展开分工。最终确定，由财富管理部门负责投研和设计投资模型，而软件开发还有基金后台的清算则交给 IT 和手机银行等部门，财富管理部门定期对模型进行管理。

摩羯智投项目的高效启动与运转，离不开招商银行的组织模式创新。招商银行的优势在于市场驱动、机制灵活、协调高效，因而能够成为业内创新的领导者。在招商银行内部，财富管理是前台部门，负责基金业务；手机银行做平台；IT 做开发，一致面向市场，分工明确。摩羯智投作为行内一个重要项目，也充分调动起了各部门的资源，按照时间计划，紧锣密鼓地展开了产品研发。

"有大企业病的机构很难创新。除了创新动力不足，还有一个重要原因就是新生事物本身就边界不清，很多人都想插手，但也相当于谁都不管，吵来吵去，反正都是公家的活，谁还为公家的活儿翻脸呢？最后可能就搁置了。招商银行一直能够由创新驱动着往前跑，就是因为我们一致面向市场的心态非常明确，所以很快摩羯智投的队形就跑出来了。"王洪栋说着，脸上显现出自豪的神情。

值得一提的是，摩羯智投项目在经费上没有任何额外的投入，也没有业绩目标的 KPI 与额外的激励。事实上，所有项目的团队成员都身兼其他工作职责，而推动摩羯智投项目尽快落地的力量，则完全是基于其品牌和运行效果。

在招商银行的决策机制中，有一个私人银行和财富管理投资决策委员会，由私人银行团队、财富管理团队以及分行的一些精英构成，委员会每季度开一次会决定大类资产的季度投资策略。在此基础上，也有一个委员会形式的基金工作室，约 20 多人，进一步决定基金榜单的选择、开展调研、进行投资决策等。摩羯智投的投研与基金工作室共用，投研人员同时也是基金工作室的成员，只是剥离一部分职责出来参与摩羯智投这个项目。

"对于摩羯智投项目，行里并没有确定 KPI 考核指标，也没有指望一开始就能获得多少收益，主要目的就是把品质做好，同时做好投资者教育，让投资者认可摩羯智投的投资理念，使得客户和客户经理能够把资产配置落地实施。通过不断的产品服务优化、功能体验提升，让客户慢慢地参与进来，规模慢慢扩大，这才是我们想要的。"廉赵峰介绍说。

（五）抉择：自己做还是对外合作

摩羯智投在研发过程中遇到最艰难的一个抉择，是选择自己干还是和其他公司合作。2016 年初的时候，市场上已经有些第三方独立智能投顾公司可以提供技术。如果自己干的话，不仅缺乏经验，而且还得有比较大的 IT 经费投入。

在经过几轮会议讨论后，团队最终选择了自行开发所有的模型体系。主要有以下两个方面的原因。

一方面，团队认为财富管理业务和公募基金产品是摩羯智投的战略核心，并且涉及的业务是招商银行的核心业务，理应由团队内部人员掌握，与机构合作则存在不连续性和不确定性的风险。

另一方面，团队认为，在做好公募基金组合和顾问服务方面，没有人比自己做更合适。

在目前的技术条件下，基金筛选过程很难实现完全智能化，往往需要人机结合。一是由于基金的信息按季度披露，频率较低，无法及时反映基金产品信息，且季度报告披露信息有限，不能全面反映基金的情况；二是由于选取基金组合、做好顾问，不仅仅是对公募基金的净值进行分析，还有很多定性的东西需要资源和经验来判断，包括对投资经理人的了解，以及对公司治理结构、经营理念等的理解。比如，基金经理发生变化，或者公司的考核激励发生变化等信息就很难量化，需要人工辅助判断。

因此，独立的第三方虽然技术水平很高，但缺乏投资组合及顾问服务的经验，很难精准地把握产品内涵，不能达到理想的效果。而招商银行作为市场上最大的基金销售机构，与基金公司保持着高频、深入的接触和沟通，同时不断把对基金经理、基金公司的认识数据化，从十年前就开始积累业内独家的"基金经理行为研究"数据库，而且在基金分析、评价与选择上的经验也非常丰富，更了解基金公司与客户需求，有利于产品想法的实现。

在开发过程中，摩羯智投团队也向行业内进行过多次的调研和交流，包括和基金公司、业内专家探讨如何构建模型和优化算法，同时也在客户体验和系统流程等方面学习借鉴了国外智能投顾公司以及第三方机构的经验，不断摸索并优化摩羯智投。

（六）打磨与定型

在摩羯智投的顶层设计中，组合配置和长期投资理念贯穿始终。作为传统银行出身的摩羯智投团队，其价值观与目标就是为客户提供低波动的稳健回报。

在产品开发过程中，困难主要来自几个方面。

对于投资端，到底建立的体系和模型是不是有效？摩羯智投团队发现，从历史数据回撤来看效果不错，但是 2015—2016 年市场表现不佳，因此未来会怎么样，大家心里都没有底，压力很大。对于投资模型的构建，大家也相对比较谨慎。之所以确定为大类配置的方向，一方面源于客户对于稳健收益的需求。另一方面，在当时的市场环境下，团队不敢去冒太大的风险。

对于客户端，应该用什么样的数据和方式来判断客户行为？市场上普遍认为，要用大数据分析，就应该数据越多越好。但是摩羯智投团队反复讨论认为，基于投顾的定位，摩羯要做的是纯粹基于投资方向的服务，而很多数据在这个维度上看是无效的，所以最后确定下来，基于投资方向提取客户数据，并进行判断和研究。

2016 年年中，摩羯智投开始内测，经过半年时间的完善优化，12 月份时基本成熟定型。

对于"摩羯智投"的名字，团队内部也探讨过很多次。摩羯智投所采用模型体系是基于自我进化、基于大类资产配置的组合服务，有一些机器学习的算法。所以概括核心关键词"机器学习"，就创造出了一个词 Machine Gene，意思是基于机器基因进行的投资。后来在一次内部讨论中，一向擅长做品牌的时任招商银行零售金融总裁刘加隆提出来："要不叫摩羯怎么样？"

摩羯，既是 Machine Gene 的音译，从星座的角度来说，摩羯所代表的智慧、稳重、纪律、严谨等特质，恰好跟投资理财的必备要素也非常符合。就这样，一锤定音，摩羯智投的名字因此定了下来。原计划，摩羯智投的上线时间也定在 12 月 22 日摩羯座那天，后来提前了一些时间，于 2016 年 12 月 6 日正式推出。

（七）上线：一炮走红

2016 年 12 月 6 日，招商银行在深圳举办招商银行 APP5.0 暨摩羯智投新闻发布会。招商银行 APP5.0 上线，被认为是同业中智能化的开始。其创新推出摩羯智投、收支记录、收益报告和生物识别四大金融科技功能，完成 121 项重大优化，开创了银行业"线上＋线下"、"人＋机器"的融合服务新模式，构建完整的售前、售中、售后金融服务链条，开启智能理财新时代。摩羯智投作为招商银行 APP5.0 当中的重磅产品正式上线。

依托招商银行的品牌效应和庞大的投资群体，摩羯智投一经诞生，便一炮走红。截至 2018 年 5 月底，摩羯智投用户量突破 15 万，申购规模已超过 110 亿元，在国内智能投顾领域遥遥领先，确立了国内智投领域的龙头地位。

2017 年是招商银行在公募基金业务上相当亮丽的一年，这也使得招商银行的市场影响力和地位达到了一个新高度。2017 年市场上的股票基金当中，投资业绩前十只当中的六只，摩羯智投的客户都重仓超过 75%，因而获得了非常好的收益。

摩羯智投在严控风险的前提下，为投资者贡献了稳健收益，展现出"低波动、稳增长"的特性，表现优于市场指数和同类产品。

2017 年，摩羯智投的组合整体平均收益为 7.81%，整体最大回撤为 1. 04% ~ 4. 03%，夏普比率为 2. 30 ~ 3. 96，相比各类基础资产有较好的超额收益。总体来看，收益率和夏普比率处于中上水平，波动率和最大回撤则普遍小于市场指数和偏权益类基金。与公募基金 FOF 相比，摩羯智投在投资收益和风险控制方面都有比较大的优势。

2018 年，A 股遭遇大幅下挫，放眼望去，市场上各家投资类机构的业绩大多是惨不忍睹。受权益市场大幅回调影响，摩羯智投的高风险和中风险组合净值小幅回撤。然而自成立以来，摩羯组合全部录得正收益，摩羯组合始终呈现低波动的特性，各风险等级组合的波动率远低于对标基金指数。

摩羯智投运行一年多的时间，客户留存率始终保持在 80% 以上，相比公募基金大约 50% 的留存率（将近一半客户持有不满一年就赎回），有了大幅提升。

表 1　　　　摩羯智投的业绩表现（截至 2018 年 12 月 31 日）　　　单位：%

	2018 年累计收益	2017 年收益	成立累计收益	波动率	夏普比率	最大回撤
摩羯低风险组合	0. 74	5. 02	4. 99	2. 34	1. 73	2. 89
摩羯中风险组合	− 1. 77	7. 39	4. 31	3. 81	1. 05	4. 70
摩羯高风险组合	− 5. 95	11. 04	3. 11	6. 29	0. 61	9. 02
沪深 300	− 25. 31	21. 78	− 12. 97	13. 71	− 0. 34	31. 88
中证 500	− 33. 32	− 0. 20	− 35. 79	17. 69	− 1. 41	40. 11
中证 1000	− 36. 87	− 17. 35	− 50. 07	20. 48	− 2. 04	53. 74
股票型基金总指数	− 25. 10	12. 59	− 18. 61	13. 07	− 0. 73	29. 26
混合型基金总指数	− 13. 60	10. 11	− 6. 59	7. 49	− 0. 31	16. 75
债券型基金指数	4. 27	2. 01	5. 32	1. 46	2. 95	1. 72

数据来源：招商银行财富管理部。

随之而来的是，从金融界到科技圈、从普通投资人到专家学者，摩羯智投受到了来自社会公众和专业领域的广泛认可。

短短半年多，摩羯智投在《21 世纪经济报道》主办的智能投顾评

图 1　摩羯智投不同风险组合的业绩表现

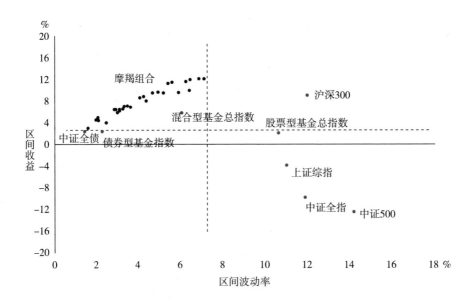

注：数据截至 2018 年 6 月 1 日。

图 2　摩羯智投的风险收益特征

选中荣获"2017 年度智能投顾金帆奖"、《证券时报》主办的金融科技评选中荣登"中国智能投顾新锐榜"以及《第一财经》主办的中国金融价值榜评选中荣获"年度智能理财奖"等，共获得八座奖杯，几乎包揽了国内智能投顾领域的全部权威奖项。

"除了业绩上的表现，摩羯智投对客户经理服务客户的专业能力的提升，以及对客户所进行的投资组合和资产配置的教育，要远大于业务规模带来的贡献。"王洪栋总结道。

一方面，摩羯智投为招商银行的客户经理理解组合的效果提供了一个参照物，也让客户可以直观地看到组合分散风险的效果，帮助其树立组合投资的信念。借助摩羯智投，客户经理的专业能力也获得提升，更能赢得客户的信赖。

另一方面，摩羯智投从资产配置角度进行客户教育，通过引导客户先明确自己的投资期限和能接受的风险范围，再来推荐适合的投资组合，而不是一上来就直接推荐收益好的基金单品。这种看似大道至简的资产配置过程，也使得客户对投资的理解更加深入，产生认同，并进而推动了整个销售业绩。

摩羯智投以不偏离客户专属的"目标—风险"计划为前提，不同于保本保收益的理财产品，也不以战胜某个市场指数为目的，从而做到真正专业的财富管理。

三、摩羯智投的业务模式

（一）商业模式创新

头顶"国内银行业首家智能投顾"光环的摩羯智投一经诞生，

便备受关注，但同时也面临很多质疑的声音："智能投顾"是不是只是摩羯智投跟风宣传的一个噱头？摩羯智投提供的 30 种基金组合方案，与普通的基金产品组合或者很多公募基金新推出的 FOF 有什么区别？

在一年多时间里，摩羯智投团队不断摸索，更加明确了方向。摩羯智投并非只是单一的产品或者一个简单的基金产品组合，而是一整套资产配置服务流程，包含对客户投资资金风险属性的 KYC—组合构建—组合收益率展示、风险预警提示—动态的持仓调整建议—组合跟踪报告等售前、售中、售后的全流程服务环节。

在王洪栋看来，摩羯智投是否称作"智能投顾"并不重要，他们的初衷只是针对实际业务中的"痛点"寻找一条可行之道，以此帮助客户解决问题。因此，摩羯智投更可以视作一项商业模式创新，而非像科研机构那样追求技术上的突破。

此前，基金销售整个行业的资产配置服务效率较低，覆盖度不足10%。同时，理财经理在提供资产配置服务时，需要经历"了解客户的风险和流动性偏好—分析今日市场—甄选产品—计算配置比例—构建适合该客户的投资组合—跟踪每个客户的每个组合—提供个性化的售后调整服务"这个过程，耗时较长，无法高效覆盖更多客户。

摩羯智投融入招商银行十多年财富管理实践及基金研究经验，并运用机器学习算法自动运算和全市场扫描，进行大类资产配置、基金筛选和风险预警，让广大的零售客户可以一键享受到专业的全流程覆盖的智能化服务，大大提升了资产配置服务的效率，从而实现服务创新。

为了降低交易操作门槛，在招商银行手机银行 APP 首页的摩羯智投模块中，客户只需进行投资期限和风险收益选择，之后摩羯智投会根据客户个性化的"目标—收益"要求，从人工筛选过的基金池中，构建智能基金组合，最终由客户进行决策并进行"一键购买"。

进入摩羯智投　输入投资目标　智能计算　一键构建组合　　一键优选　　一键下单　　完成配置

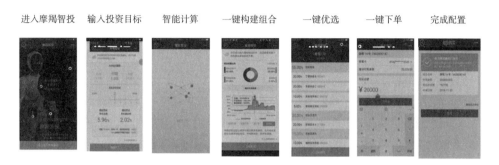

图 3　摩羯智投的操作界面

摩羯智投向客户提供基金产品组合配置建议的同时，也提供了较为完善的个性化售后服务。比如，每月有月度运作报告，让投资人能更好地掌握自己所购买的组合运作情况；在市场大幅波动或有重大事件时，摩羯智投还会为其持有人提供点评服务；在投资方面，摩羯智投会实时进行全球市场扫描，根据最新市场状况，去计算最优组合比例，如果客户所持组合偏离最优状态，摩羯智投将为客户提供动态的基金组合调整建议，在客户认可后，即可自主进行"一键优化"。除此之外，摩羯智投不断地进行迭代优化，升级了收益展示、分红方式和持仓展示等多个功能点。

而且，摩羯智投能够支持客户多样化的专属理财规划，客户可以根据资金的使用周期安排，设置不同的收益目标和风险要求，一个人可拥有多个独立的专属组合，帮助其实现购车、买房、子女教育等丰富多彩的人生规划。

摩羯智投团队认为，基金销售服务中有三个核心的部分：一是真正了解客户；二是资产配置，到底用什么样的策略、什么样的模型去做配置？怎么去选底层的产品？怎么去做风险管理和控制？三是服务交互。

（二）真正了解客户

了解客户是基金销售服务的首要方面，但却是大数据分析、机器学习很难把握到位的一个方面。

现在，很多机构都在宣称运用人工智能的技术、大数据做客户精准分析，这背后隐含的是一个理性的模型体系，即根据客户的交易行为、生活习惯等大数据去做其风险承受能力或意愿的匹配。但是摩羯智投团队发现，在整个客户投资的过程中，特别是对于金融产品的投资，绝大多数人其实是非理性的。因此，仅仅用大数据的方式可能过于理性，还需要结合客户真实的风险容忍状况。

摩羯智投把用户的风险等级分为 10 级，按照投资年限分为短期（0~1 年）、中期（1~3 年）、长期（3 年以上），一共构建了 30 种组合。投资者只需输入投资期限与风险承受能力两个指标后，摩羯智投会根据客户自主选择的"目标—收益"要求构建基金组合。

之所以要让客户选择投资期限与风险承受能力这两个指标，摩羯智投团队认为，摩羯智投就是为了解决客户的投资问题。对于投资，无非是关注三个特性——流动性、安全性、收益性。流动性可以体现为投资期限，安全性体现为风险等级，背后对应的是组合的波动和回撤。客户选择了期限和风险之后，会显示其相应的收益（模拟历史年化业绩）和波动（模拟历史年化波动率）。

对于客户既有短期流动性需求又有长期收益性需求的，摩羯智投可以支持多策略投资，即不同需求的资金可以分笔购买不同组合，从而兼顾各种投资需求。

很多人对大数据存在认识误区，认为个人偏好、消费习惯等行为数据都是有用数据，但事实上这些数据对于投资端的影响并不大，因此也未被采用。但如果是客户既往购买基金产品的申购、赎回、盈亏状况、投资期限等可用于判断其风险承受能力和意愿的数据，或许未来会应用在摩羯智投当中。对此，廉赵峰坦陈还在不断摸索，由于客户的情绪与偏好会不断变化，因此很难形成成熟的模型。

从表面上来看，目前摩羯智投所给出的 30 个组合，与一般理解的"千人千面"、个性化、智能化的投资服务相去甚远。但廉赵峰认为，尽管可能每个人都不一样，但仅从投资维度来看，偏差不会很大。理论上 300 个、3000 个组合都没有问题，但是颗粒度再细，相近两个组合之间的投资业绩就不会有明显的差异，因此一定程度上来说很难做到千人千面的完全个性化。这是因为投资涉及的维度较少，如果是基于维度更全面的客户画像，应用范畴就不限于目前摩羯智投所做的投资，而是可能涉及更全面的财富管理客户服务，这就需要一个更大的财富管理系统去支持了。

目前，摩羯智投的客户结构，从资产规模来看，5 万～500 万元之间的客户群占到大约 80%，资产量的层级与原来的财富管理客户特点比较类似。从年龄来看，25～40 岁之间的客户群占到七成多，以偏年轻的为主。

（三）大类资产配置

在投资端，包括投资策略以及投资组合。"市场上投资策略非常多，各家机构都有自己的策略，很难说哪个更好，因为找不到一个策略在任何市场环境中都能赚取高额利益，只能是基于相应的目标、定位选择最合适的策略。"廉赵峰认为，摩羯智投的目标是为客户控制投资风险，因此所提供的组合就是基于大类资产配置，为客户降低波动风险，以获取长期稳健的回报。

"在国外，主动性基金很难战胜指数基金，因此国外的智能投顾都是选 ETF，而国内很多主动型基金是能获得超额收益的。"廉赵峰补充道。

资本市场宛如蔚蓝大海，收益魅力的背后就是波动的风险，如何准确判断资产变动趋势、做好资产配置成为投资成败的决定性因素。

在资产组合配置中，首先要解决的问题，就是在特定条件下选择相关性较低的大类资产，并通过"分散化"和"再平衡"策略优化组合收益风险特征，实现资产管理服务与客户需求的有效衔接。

传统的现代投资组合理论以及资产配置模型有较多的假设和限制条件，而各类假设和限制条件与实际的资本市场偏离较大。摩羯智投根据基金产品的底层资产以及风险收益特征，在全球范围内细分出十大类基础资产，并通过独创的"蒙特卡洛模拟有效前沿"模型对各个大类资产的风险收益特征进行概率分布的模拟，避免了正态分布假设，可以充分考虑和计算市场的尖峰肥尾效应。

在构建最优组合的有效前沿时，引入蒙特卡洛"计算机模拟"的方法对有效前沿进行百万次计算，有效地解决了最优组合对输入参数高度敏感的问题。正是这样的组合配置，大幅降低了摩羯智投的波动率。

（四）"人 + 机器" 结合筛选基金

截至 2017 年末，境内公募基金产品数量已超过 4000 只，基金绩效差异明显且剧烈变动。基金产品这么多，如何能够有效地进行筛选？

虽然大量运用了人工智能技术中的机器学习算法，但摩羯智投的基金筛选并非完全依赖机器，而是采用"人＋机器"的智能融合方式，发挥机器在数据处理和模型化方面的优势以及人在构建非结构化数据库方面的经验。与国外"去人性化"不同，融合了人的经验，是应对国内情况的本土化创新。

尽管人工智能在处理结构化数据方面已经表现得十分出色，可以很好地利用输入的结构化数据进行投资组合，但基金的结构化数据主要来自季报，按季度披露的数据频率略低，无法及时反映风险。同时，在基金选择的过程中存在大量的非结构化数据，如基金经理的变更等信息，这种情况下，需要人工参与来承担数据收集的工作，将非结构化数据转化为结构化数据，提供给机器进行投资决策。

摩羯智投依靠招商银行十余年的公募基金研究基础，以"五星之选"基金筛选体系为基础，通过自行研发基金筛选模型——行为动量基金分析决策树模型，将定量分析与定性分析相结合，可以从基金历史净值、基金持仓数据、多维度地剥离和识别真实的 Alpha、基金公司维度、基金经理维度、基金产品维度等总计 71 个因子来判断和分析基金未来创造超额收益的动能，进而来判断和筛选基金产品。

面对全市场 4000 多只公募基金，摩羯智投筛选出将近 100 只底层基金产品，在客户真正买到 30 种组合里，实际是 20 多只不同产品做的组合。

摩羯智投把用户的风险等级分为 10 级，按照投资年限分为短期（0～1 年）、中期（1～3 年）、长期（3 年以上），一共有 30 种组合。

每种组合对应的投资组合详见表 2 至表 4（组合详情会根据市场情况动态调整）。

表2　　　　　投资期限为 0～1 年的各风险等级投资组合各类占比　　　　单位：%

组合内容	1	2	3	4	5	6	7	8	9	10
固定收益	62.66	56.48	49.82	45.37	44.41	39.25	34.93	29.52	23.88	21.94
现金及货币	16.52	16.14	16.26	13.40	12.08	11.49	9.85	9.05	9.39	5.12
股票类	15.02	12.38	18.80	25.82	27.63	33.30	39.25	50.26	55.17	61.79
另类及其他	5.80	15.00	15.12	15.41	15.88	15.96	15.97	11.17	11.56	11.15

表3　　　　　投资期限为 1～3 年的各风险等级投资组合各类占比　　　　单位：%

组合内容	1	2	3	4	5	6	7	8	9	10
固定收益	57.01	55.61	45.30	44.87	44.14	38.70	34.23	27.73	20.86	17.62
现金及货币	16.22	16.20	15.22	12.42	10.77	10.60	9.31	10.23	10.00	5.50
股票类	11.77	13.19	24.17	27.46	29.95	35.47	41.17	51.26	57.97	65.78
另类及其他	15.00	15.00	15.31	15.25	15.14	15.23	15.29	10.78	11.17	11.10

表4　　　　投资期限为 3 年及以上的各风险等级投资组合各类占比　　　　单位：%

组合内容	1	2	3	4	5	6	7	8	9	10
固定收益	56.23	54.92	46.50	43.92	40.94	36.77	32.37	27.73	20.86	17.62
现金及货币	16.71	16.19	14.11	11.89	11.49	10.14	9.36	10.23	10.00	5.50
股票类	11.98	13.89	24.28	28.99	31.91	37.39	42.75	51.26	57.97	65.78
另类及其他	15.08	15.00	15.11	15.20	15.66	15.70	15.52	10.78	11.17	11.10

数据来源：招商银行 APP。

（五）风险预警与灵活调仓

在变幻莫测的市场上，风险无处不在却又难以预测。摩羯智投构建了一套"多象限风险预警矩阵"和一套完整的风控体系，全方位地对各个市场进行扫描和风险预警，对组合进行回撤控制。

如果遇到较大投资风险，系统监测到客户购买的投资组合偏离最优比例的幅度超出预先设定的阈值，就会发出风险预警信号，摩羯智投投研小组继而进行判断并决策是否有必要进行组合的动态平衡调整。

　　摩羯智投对客户进行战术资产配置调整（TAA）的策略通过"一键优化"服务来实现。摩羯智投目前定位于理财销售、顾问服务的功能，而非代客理财的资产管理功能，因此每一次调仓和优化，系统会根据目前各类资产最优投资组合比例和用户实际投资组合比例进行计算得出申购和赎回金额，并发送信息给客户，客户点击确认才能生效。

　　2017年，摩羯智投对客户的持仓发起过多次主动仓位及基金种类调整，效果显著：债市低迷时，降低了组合中债券基金的久期；1月，增加价值类品种的比例，把握了蓝筹崛起的机会；2月，全球市场分化时，增加了港股和境外市场的配置，较早布局了港股的投资机遇；10月下旬，降低了组合中权益产品仓位，帮助客户较好地锁定盈利、规避市场波动。摩羯智投通过战术调整为组合业绩带来的贡献度占比达到40%，一键优化策略为组合贡献平均收益达到3.47%。[①]

　　2017年，摩羯智投全部组合的波动率最高不超过6%，而各类主流指数的波动率多在10%以上，中证1000及创业板指数更是高达20%以上，显示出摩羯智投在收益风险的管理上是良好的。

　　在市场下跌时，摩羯智投的抗跌性更为突出。例如2017年1月和4月，市场出现了两次股债双杀的市场行情，摩羯智投在此期间均较好控制了回撤，所有组合最大回撤不超过3%，而同期各大指数的回撤幅度多在5%以上，创业板、中证1000指数的回撤幅度接近10%。

　　2018年A股遭遇大幅下挫，在风险预警模型的基础上，摩羯智投投资决策小组进行了多次战术决策，主动规避市场风险，创造了明显的超额收益；尤其在2018年3月，大幅减仓境内外权益资产配置比例，使得组合的净值回撤远低于市场。

---

　　① 招商银行官方网站，http://www.cmbchina.com/。

这些都显示出摩羯智投在市场调整时有非常好的风险控制能力。而从历史上看，只有降低了资产组合的波动性，客户才能做到持有更长时间。

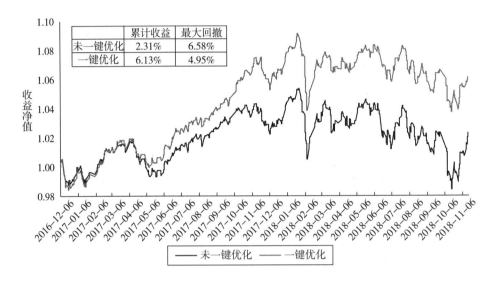

	累计收益	最大回撤
未一键优化	2.31%	6.58%
一键优化	6.13%	4.95%

图4　摩羯智投一键优化效果

（六）服务交互

所谓"智能投顾"，"智能"代表技术，"投"代表投资，"顾"是顾问式交互。目前摩羯智投的投资端发展较为成熟，能够根据市场变化为客户进行策略调整，而交互端的智能化还远远不够。

摩羯智投产品1.0主要解决的是投资方面的服务，输出投资组合模型。但目前只能给出投资建议，却无法阻止客户随时退出，而这就需要顾问式的交互。

服务交互是未来智能投顾当中非常重要的一个方面。市场波动会让客户从车上下来，需要通过顾问交流让客户坐住。投资者看到持有的基金亏损，难免会担心、顾虑，如果顾问交互能够起到安抚的作用，帮助客户树立投资的信心，投资者就可能作出正确决策，继续持有下去并获得一个长期稳健的回报。

顾问式的交互在中国刚刚起步，目前在垂直细分的生活化场景中已有应用，但在金融行业还没有成熟的案例。在基金这个垂直领域，原先主要依靠线下的理财经理为客户提供一对一全天候服务，但未来要服务 C 端长尾客户，就只能依靠线上机器服务，而这就需要机器人能够具备专业能力，能跟客户做一个深入的交流。

"最开始做的时候，我们并没有想在顾问式交互上做太多事情，但是随着时间的发展，慢慢接触了很多 AI 公司和相应的技术、服务，我们开始考虑这方面可能是现在比较欠缺的，现在我们已经明确这是一个必须要突破的瓶颈。"廉赵峰说。

目前摩羯智投已上线一个交互窗口"聊聊天"，但只能回应较为简单的问题，而交互的智能化需要长时间的大量训练，这样才能不断完善优化。机器学习解决数据能力很强，但在非结构化数据如图片、文字、语音等内容处理上的能力还远远不够。

将来，摩羯智投希望能与客户加强交互，比如客户直接用文字或语音提问，摩羯智投就能识别并进行很好的反馈，给出专业化的分析和建议。如果市场出现波动，能告诉客户市场波动的原因以及是否需要调仓或者赎回等。这样就可以突破理财经理服务的局限，对客户进行 7×24 小时服务了。

目前，摩羯智投的顾问式交互服务正在紧锣密鼓开发当中。在此过程中，摩羯智投除了投入自身力量，也正在与外部的 AI 机构展开合作，由外部机构提供底层技术支持，例如自然语言处理技术等，场景应用则由摩羯团队主导，双方共同摸索和优化。

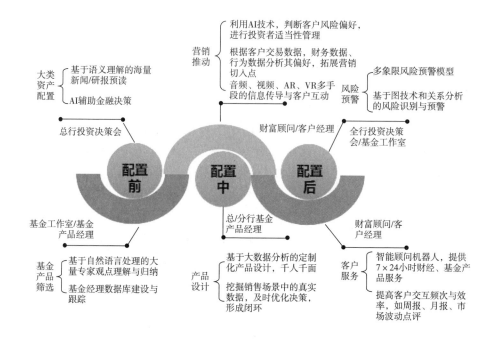

图5　服务交互的流程

目前国内的技术公司，更多是提供底层支持，即理解客户的问题是什么，但之后应该如何匹配合适的答案，就需要基于对业务的深入理解来构建知识库。比如，如果客户询问某只基金该不该买，或者要不要赎回，可能不同价值观的人或机构给出的答案会有很大差异。

"招商银行有十几年经验，整个团队对于基金的理解，包括核心方法论和价值观比较清晰，就是以给客户争取绝对收益为目标，注重客户盈利体验，这也是摩羯智投一个核心的导向。"廉赵峰补充道。

四、未来发展前景

智能投顾业务在美国的发展有一定的市场基础，相比而言，智能投顾在中国的发展还面临重重挑战。首先，美国金融市场相对成熟，市场规模大、数据完善，监管较为规范，市场拥有种类众多的被动型管理基金，目前美国智能投顾投资标的大多为 ETF。其次，美国市场投资者较为理性，长期投资的观念得到普遍认可。反观中国，金融市场有效程度较低，ETF 种类少，目前智能投顾配置的资产主要是主动型管理基金，而且中国投资者投机现象比较明显，还需要较长时间的投资者教育，智能投顾接受度有待提高。此外，美国公募基金产品规模庞大还得益于政策支持，公民通过社会保障个人账户投资基金有一定的税收优惠，这极大激发了投资者的投资热情，公募基金规模迅速扩大。

中国在市场有效程度以及投资者教育方面还需要长时间的努力，但在政策及监管支持方面已经迈出了非常重要的一步。

政策方面，2018 年 5 月 1 日起，个人税收递延型商业养老保险开始试点，公募基金也将于 2019 年继保险之后纳入个人养老账户投资范围。由养老金及税收政策引发的行业大爆炸预计很快到来，财富管理的潜在客户必然爆发式增长。

在传统的财富管理运营模式下，客户经理将难以适应这一变化，通过继续沿着产品供应、销售效率和客户关系不断精进、提升交付效率的方式不断优化，也恐将难以持续满足未来财富管理发展的需要。因此，智能投顾市场存在巨大潜力。

监管方面，2018 年 4 月 27 日，中国人民银行、银保监会、证监会、国家外汇管理局联合印发《关于规范金融机构资产管理业务的指导意见》，资管新规正式落地。资管新规在第二十三条关于"智能投顾"的有关规定中强调："金融机构运用人工智能技术开展资产管理业务应当严格遵守本意见有关投资者适当性、投资范围、信息披露、风险隔离等一般性规定，不得借助人工智能业务夸大宣传资产管理产品或者误导投资者"，以及"充分提示智能投顾算法的固有缺陷和使用风险"，这是智能投顾首次出现在监管文件中。

"资管新规对于智能投顾乃至整个基金行业都是一件好事。"在廉赵峰看来，由于打破刚兑和净值化，几十万亿元规模的理财资金一定会寻找出路。基金产品天然就是净值化产品，一定会有部分客户资金流向基金。如果智能投顾能够给客户提供稳健回报，必将会迎来很好的发展机会。

也正是看到了智能投顾的发展前景，继摩羯智投上线之后，各商业银行也纷纷入局，陆续推出了智能投顾服务：浦发银行财智机器人、兴业银行兴业智投、平安银行智能投顾、江苏银行阿尔法智投、广发智投、工商银行"AI投"等相继上线。此外，国内券商机构、基金公司、互联网机构也在智能投顾领域加速布局和推出相应智能投顾产品。

在廉赵峰看来，目前银行所做的是公募基金智能配置，券商所做的是智能选股，第三方机构则是从不同角度切入智能投顾，有着很大的区别。很多第三方机构单纯通过APP去做智能投顾，不一定能带来流量。"在投资者教育的过程中并不是简单地做一些推广就能达到目的，基金净值每天都在波动，很可能今天涨，明天跌，如果使用传统商品那样的销售模式去对待基金产品肯定是不行的，金融产品的售后服务才是最重要的。"

全球知名智能投顾平台当中，为国人所熟知的是 Wealthfront 和 Betterment。但发展到目前，先锋基金已经超越上述两家公司，成为全球最大的智能投顾公司，占比超过全球市场的30%。

"我们认为在国内，将来应该也是这个趋势。"从智能投顾的发展情况来看，单纯依靠技术为核心竞争力的智能投顾公司很难走得长远。

即便其技术能力强，但是对于投资以及客户的顾问服务等方面，与积累多年的金融机构相比是难以匹敌的，因此很难在这种波动性产品的销售上做得很好，往往是牛市时冲进来一波，而市场一旦下挫，就会迎来赎回潮。而像先锋基金这样的机构一旦涉足智能投顾领域，发展是非常迅速的。"这也就是为什么我们当时要做智能投顾的原因。还是那句话，不可能存在一个模型，永远比别人的都要好。"廉赵峰说。

国内银行目前推出的"智能投顾"多数为公募基金组合配置，部分银行则将下一步目标扩展到覆盖保险、银行理财、贵金属、信托等多种金融产品的全能资产配置模式。

然而，摩羯智投并没有类似的计划。"摩羯智投由招商银行财富管理部门主导，定位于基金销售服务，未来即便再做优化，其定位是不变的。"廉赵峰坦陈，"全品类的财富管理，合规要求更高，而且这要和客户深入交流沟通，了解客户真实的意愿和属性，包括了解其家庭状况以及购房、教育、养老等需求，这样才能综合考虑去配置什么样的保险、现金类产品等。这就需要更多通过客户经理去做，单纯通过摩羯智投在线上来实现难度很大。而且，绝大多数不懂投资理财的老百姓，对智能投顾根本不了解，一定要找信任的客户经理询问，这是必不可少的。我们在开发摩羯智投的时候，就是希望它能更好地服务于客户经理，而没有打算取代客户经理，事实上这在短期之内也是不可能的。"

目前，摩羯智投的"顾问式交互"服务正在紧锣密鼓开发中，酝酿在"投资、顾问、资讯"领域实现突破性创新，基于NLP（自然语义理解）、KG（知识图谱）等人工智能FinTech技术，打造更加强大的智能投顾服务体系。未来这套顾问式服务体系如果发展成熟，可能会衍生用于更多的保险、理财产品的销售服务上。摩羯智投作为招商银行金融科技布局的"明星产品",也是直接从总部大脑直接触达 C 端客户的一项比较成熟的服务,行里非常看重。

招商银行 2017 年年报显示,招商银行明确将金融科技变革作为未来三到五年工作的重中之重,举全行之力打造"金融科技银行",让金融科技成为战略转型下半场的核动力。招商银行决定每年拿出税前利润的 1%,提取专项资金设立金融科技创新项目基金,每年大概有 8 亿元的 FinTech 基金,鼓励全行进行金融创新,积极提升金融科技能力,推动移动互联、云计算、大数据、人工智能、区块链等新兴技术的创新应用。通过金融科技在消费场景中的应用,提高客户体验,降低运营成本,提高获客能力。摩羯智投作为一个比较好的应用平台,自主研发的新的科技应用都会先在摩羯智投上进行尝试。

"投诉永远不可能为零。要让客户满意,这条路很长。"摩羯智投团队的成员经历了整整两天的会议,更加坚定了方向,未来目标也更清晰了。作为一个新生儿的摩羯智投,在对客户的了解、资产配置、顾问交互、风险预警与控制等方方面面,还有很多地方需要进一步改进,未来的道路还很漫长。

未来,摩羯智投如何为客户提供更优质、更全面的财富管理服务?如何能持续走在中国智能投顾行业的最前列,并成为招商银行整个财富管理板块向智能化转型的"孵化器"?王洪栋把目光投向窗外,陷入了深思。

上海华瑞银行：

智慧金融为小微企业注"活水"

近年来，随着银行选择放贷对象日趋谨慎，原本就深陷融资难困境的小微企业更加面临无人问津的窘境。

对上海华瑞银行来说，其从创立之初就把服务小微大众、服务民营实体作为最重要的使命责任。华瑞银行行长朱韬认为，瞄准小微企业融资痛点，华瑞银行将在差异化竞争中脱颖而出。

上海苏璟工贸正是从华瑞银行获益的小微企业之一。作为建材供应商，它处于供应链的上游，主要向下游核心企业销售建材等。但在建材行业中，核心企业因其强势地位，往往采用赊购的方式与上游供应商进行贸易，账期最长可达180天，从而导致苏璟工贸这样的企业承受了较大的资金流转压力。而小微企业通常采取轻资产经营模式，自身信用风险承受能力较弱，并且无法提供有效的抵质押物，难以从银行贷款来缓解这种压力。

为了帮助苏璟工贸缓解资金压力，提高资金周转率，华瑞银行根据该企业的实际经营情况以及与核心企业的交易情况，核准了其人民币 500 万元的无担保授信额度，专项用于办理在线供应链融资业务。

这项业务就是为供应链上下游企业特别推出的"瑞 e 订"。其基于真实贸易背景，将线下人工审核和线上智慧风控有机结合，创新运用大数据风控、物联网、人脸识别等金融科技手段，依靠处于行业龙头地位的核心企业，将买方信用向上游小微供应商传导，并通过与核心企业的银企直联，实现资金流、物流、票据流"三流合一"的闭环式管理，为供应链上游企业提供"一点接入，全国共享"的在线无追索权保理融资服务。

作为首批成立的五家民营银行之一，上海华瑞银行坚定"服务自贸改革、服务小微大众、服务科技创新"的设立初心，坚持以模式创新破解小微企业融资难问题，让金融"活水"源源不断流入实体经济。那么，开业 3 年以来，华瑞银行到底做得如何？

一、中国民营银行扬帆起航

长期以来，我国银行业以国有商业银行及股份制商业银行为主，这些银行的重点经营领域是国企及大型民营企业，小微企业的需求很难得到满足。作为一类新的银行业金融机构，民营银行自诞生之初就聚焦中小微企业、"三农"和社区等薄弱领域金融服务，突出有别于传统银行的发展特色，建立差异化的市场定位和特定战略，谋求与现有银行的错位竞争。

（一）民营银行初长成

民营银行的发展经历了一个渐进的过程。为满足普惠金融需求，2010 年国务院发文支持民间资本进入金融服务等六大领域，被视为支持民营资本进入银行的信号。2012 年银监会发文表示民营企业可以通过发起设立、认购新股、受让股权和并购重组等方式投资银行业金融机构。2013 年国务院发文称"尝试由民间资本发起设立自担风险的民营银行、金融租赁公司和消费金融公司等金融机构"，彻底激发了民营资本参与银行的热情，一大批公司前赴后继。银监会、人民银行等相关部门落实中央和国务院政策精神，于 2014 年初启动民营银行试点。2015 年，银监会颁布了《关于促进民营银行发展的指导意见》，这标志着民营银行步入常态化发展阶段。同年，银监会批准首批五家民营银行试点方案。2014 年底，首家试点民营银行——深圳前海微众银行正式开业运营。到 2015 年 5 月，第一批五家试点民营银行全部如期开业。

2016 年，第二批 14 家民营银行完成论证，重庆富民银行、四川新网银行等 12 家民营银行获批筹建。同年底，银监会发布《关于民营银行监管的指导意见》，民营银行正式进入依法依规常态化设立的新阶段。

截至 2018 年 12 月，全国共设立 17 家民营银行。17 家民营银行总注册资本 464 亿元，根据 2017 年各家银行或其大股东的财报数据，12 家公布财务指标的银行中总资产大部分在 100 亿元以上，其中规模最大的微众银行、网商银行营业收入分别是 67.5 亿元和 42.8 亿元，净利润分别是 14.5 亿元和 4 亿元。

表 1   我国民营银行建立基本情况

银行名称	注册资本	筹备批复时间	开业批复时间
深圳前海微众银行	30 亿元	2014 - 07 - 25	2014 - 12 - 12
上海华瑞银行	30 亿元	2014 - 09 - 26	2015 - 01 - 27
温州民商银行	20 亿元	2014 - 07 - 25	2015 - 03 - 20
天津金城银行	30 亿元	2014 - 07 - 25	2015 - 03 - 27

银行名称	注册资本	筹备批复时间	开业批复时间
浙江网商银行	40 亿元	2014 – 09 – 26	2015 – 05 – 27
重庆富民银行	30 亿元	2016 – 05 – 28	2016 – 08 – 26
四川新网银行	30 亿元	2016 – 06 – 13	2016 – 12 – 28
湖南三湘银行	30 亿元	2016 – 07 – 29	2016 – 12 – 21
安徽新安银行	20 亿元	2016 – 11 – 07	2017 – 11 – 18
福建华通银行	24 亿元	2016 – 11 – 28	2017 – 01 – 16
武汉众邦银行	20 亿元	2016 – 12 – 07	2017 – 05 – 18
吉林亿联银行	20 亿元	2016 – 12 – 16	2017 – 05 – 16
北京中关村银行	40 亿元	2016 – 12 – 21	2017 – 07 – 16
江苏苏宁银行	40 亿元	2016 – 12 – 21	2017 – 06 – 16
威海蓝海银行	20 亿元	2016 – 12 – 22	2017 – 06 – 29
辽宁振兴银行	20 亿元	2016 – 12 – 24	2017 – 09 – 29
梅州客商银行	20 亿元	2017 – 01 – 01	2017 – 06 – 22

资料来源：根据银监会及网络公开资料整理。

（二）探索差异化发展之路

民营银行是带着历史使命应运而生的，但设立初期（2015—2016年）却恰逢中国银行业面临颠覆，净利润增速遭遇断崖式下滑，不良贷款率快速攀升，资产质量全方位承压。因此在创业伊始，它们就既要与市场先入者同台竞技，又要适应非金融行业的跨界竞争者以互联网金融概念逆袭、持续颠覆业界传统金融业务模式。但随着国家产业结构调整，改革红利也带来了发展机遇。

在机遇与挑战面前，从设立之初，差异化经营之路被普遍认为是各家民营银行发展的方向，也是监管方面事先与各家银行做好的"约定"。五家试点民营银行都打出了差异化的牌，在利用股东优势和资源的基础上，确定了不同的经营模式。2017年首次公布年报（2016年年报），这五家民营银行全都实现了盈利。而除了 2014 年 12 月成立的微众银行，其他民营银行刚刚经历第一个完整会计年度，可谓是初战告捷。

表2　　　　　　　　五家试点民营银行 2016 年经营情况比较

	开业时间	试点定位	特色产品	经营情况
微众银行	2014 - 12	个存小贷	微粒贷、微车贷	2016 年实现净利润 4.01 亿元，居民营银行盈利榜首。2016 年末各项贷款余额 308 亿元，微粒贷累计发放贷款 1987 亿元，笔均放款约 8000 元；微车贷贷款余额达到 55 亿元。
网商银行	2015 - 06	小存小贷	网商贷、旺农贷等	2016 年末，净利润为 3.15 亿元。小微企业累计贷款 879 亿元；涉农贷款余额 37.6 亿元。
上海华瑞银行	2015 - 05	特定区域	智慧供应链、科创生态金融、普惠零售业务	2016 年末，实现净利润 1.42 亿元。小微客户贷款余额占全行企业贷款余额的 55.94%，比上年末增长 17.39 个百分点。
天津金城银行	2015 - 04	公存公贷	结构化融资业务	2016 年实现净利润 1.29 亿元，利息收入约 4.70 亿元。
温州民商银行	2015 - 03	特定区域	"三带"金融服务、群圈链贷	开业当年（2015 年）即实现净利润 1018 万元，成为同批试点民营银行中第一家实现盈利的银行。2016 年实现净利润 5052.54 万元，发放小微企业贷款 18890 万元，占全部贷款的 81.85%。

资料来源：根据各家银行年报、公开资料整理。

　　2016 年 12 月，中国银监会印发《关于民营银行监管的指导意见》，提出民营银行应明确差异化发展战略，探索"大存小贷"、"个存小贷"等差异化、特色化经营模式，补充细分市场金融服务，与现有商业银行实现互补发展、错位竞争。民营银行服务实体经济、大力探索技术应用的差异化发展蓝图日渐明晰。

民营银行也在差异化发展中逐渐探索出了一条道路：利用科技优势，扩大可服务客户范围。大部分民营银行已开始基于风险控制、投贷联动和科技输出模式探索平台化。而通过探索平台化属性下的差异化发展，它们明确了 B2B2C 的发展模式——通过为 B 端客户提供服务而间接触达 C 端客户。以华瑞银行为例，具体实现方式有：紧密围绕产业供应链，采取线上线下相结合的方式，依托大数据风控、物联网技术等现代科技手段，积极打造智慧供应链特色，为小微企业提供可持续的灵活融资服务；以"风险贷款"为切入点，聚焦精品项目，通过延伸服务平台场景，为小 B 端客户提供科创生态融资，提升科创金融服务渗透率、覆盖率和普惠度。

至此，通过对产品、服务和管理模式的不断探索，华瑞银行小微特色初现，已明确了打造智慧金融为方向的可持续经营道路。

二、从筚路蓝缕到渐露锋芒："三驾马车"引领差异化发展

时间回到 2015 年，对当时的华瑞银行来说，作为一家规模不大的民营银行，其不可能涉足所有业务，而是要凭借自身资源禀赋选准业务重点。

以微众银行和网商银行为代表的"互联网＋"银行的战略相对清晰，可以基于社交、电商平台优势来设定；而摆在华瑞银行面前的道路选择则比较多。对由均瑶集团联合多家上海民营企业发起的华瑞银行来说，借助股东的产业背景，开发实体经济中的细分领域、新兴领域中的融资服务，甚至拓展投贷联动，或许是更可行的发展模式。

2015年5月23日，华瑞银行正式开业。据朱韬回忆："从一开始，民营银行的改革意味就很明显，我们的出现就是为了补上中国金融体系的短板。"携带着民营的基因，创立之初，华瑞银行就把目标锁定在民营企业尤其是小微企业身上。这从它的成绩单就可见一斑，截至2018年11月末，全行民营企业贷款余额占全部企业贷款的67%，民营企业占全部企业贷款户数的92%，其中中小微客户占比达50%。

"所以，我们明确提出'服务小微大众、服务科技创新、服务自贸改革'的发展定位，设立了自贸业务总部、互联网业务总部、科创金融业务部"，朱韬这样介绍。在加入华瑞银行之前，他已在中国银行不同领域不同地点工作了二十余年。在这位银行老兵的带领下，经过三年摸索，华瑞银行的三条业务线已渐入佳境。

（一）以投贷联动为特色，打造科创生态金融

银行在切入小微企业、个人金融服务的过程中，受限于集中式决策模型及有限数据量，在决定是否提供贷款服务时常常局限于某一种事实，严格控制客户，以规避可能产生的风险。此种背景下，民营银行把控风险、扩大服务客户范围的方式无外乎运用其他方式对企业增信，而华瑞银行则选择了以投贷联动为切入点。

成立之初，作为一家初创中小金融机构，华瑞银行的根基还不够牢固。时任华瑞银行董事长凌涛认为，美国硅谷银行的经验可为华瑞银行提供很好的借鉴，其为高科技企业及PE/VC机构提供的资金量为总资产的10%~15%，正是如此高比例的科创投入让其成为国际上具有特色的银行。"当科创金融业务达到华瑞银行总业务量的10%以上，华瑞的特色也就可以呈现出来了。"凌涛这样说道。

华瑞银行主发起人股东、均瑶集团董事长王均金更是提出了"智

慧银行"的概念，指向上海建设全球科创中心的宏伟战略。"华瑞银行要抓住历史机遇，服务科技创新企业，通过移动互联网、大数据征信等手段，设计科创企业利率定价模型，服务有独立研发能力和自主知识产权的创新型企业。"他表示。

因此，从科创金融业务入手，华瑞银行在试营业期间就对一家由"国家千人计划"领军人才担纲的创新型"基因工厂"提供了首轮5000万元的融资。

2016年4月投贷联动试点银行落地，在10家试点银行中，华瑞银行是唯一入选的民营银行。投贷联动的核心是以"债券" + PE、VC"股权"形式设立产业基金，服务于企业融资需求。商业银行实质上是以投资市场作为风向标，参与科创企业金融需求中，以投资收益抵补信贷风险。

上海拓攻机器人有限公司是一家成立仅三年的科技型初创民营企业，据创始人张羽回忆，在公司快速扩张阶段，资金流动性需求很大，虽然刚刚海外融资成功，但因为当时的外汇利率波动较大不敢贸然提现，于是出现了资金缺口。然而和所有初创期科创企业一样，轻资产、重研发、无抵押的现状，让急于贷款的他们四处碰壁。

"了解到这一情况后，我们往这家企业跑了很多次，发现企业在制造无人机'大脑'——飞行控制系统方面的确具有核心技术，市场前景很好。"科创金融业务总部高级投资经理尹华峻介绍，华瑞银行在对小微企业的项目审查和客户评价中，不仅仅是考量"三张报表"，而是更强调对企业经营团队综合能力、业务模式的可行性、核心技术的价值度、现金流创造能力、后续股权融资能力等内容的"软性"分析，并以此作为信贷分析决策的重要依据。尹华峻还表示，"我们还向企业提供金融方面的建议，比如股权分配方案等。不少企业都说，我们是在以投行的眼光放贷款。"

最终，华瑞银行以投贷联动方案向拓攻授信人民币1500万元，利率为5.55%，并且不需要任何抵押，只配备了5%的认购期权。张羽说，"华瑞银行的投贷联动业务无须抵押，解决了初创期的民营企业缺乏有效抵押物担保的融资难题，利率又低，真是解了我的燃眉之急。"

华瑞银行对科创企业业务单独开展审核，软性评估（评估信用模式包括团队背景、业务模式、投资机构、市场前景以及银行本身的风控标准），对优质客户给出白名单，并不对单笔业务进行审批。董事长侯福宁曾针对这种模式进行过剖析，他认为华瑞银行的投贷联动分为三个层次，每个层次所解决的问题都不一样。

"第一个层次是银行与投资公司的联动，对我们来讲就是'借梯登高，借船出海'。因为做股权投资更注重长远，投资公司对一个项目有长时间的跟踪与研究。我们已经与40多家知名投资机构合作，今后还会再扩大。"侯福宁这样总结。

而第二个层次，他认为是银行与科创企业的联动，"银行为科创企业提供贷款，企业给银行提供认股期权，这个认股期权是银行持有认股的权利，可以实现对时间和金额的锁定，适当时候银行可以退出股权。"

第三个层次的投贷联动属于平台性质，是为科创企业提供生态链贷款。在拓展客户的过程中，华瑞银行储备了一定量的新经济、新平台类客户，从而衍生出上下游、合作方等群体融资需求。为此，科创金融业务团队开始探索创新生态链融资，寻求实现B（Bank银行）—P（Platform合作平台）—SME（中小微企业）的科创生态服务，其中，核心客户或合作平台需是符合科创属性且由华瑞银行展业发现的平台客户。

"一个科创企业推出一个好产品，如果大家都不用，企业就无法实现真正的发展，因此我们会对符合条件的核心企业上下游给予一定支持，鼓励它们使用科创产品。在科创金融中，我们的投贷联动做法是差异化的。"侯福宁还强调，"科创金融中支持的大部分都是小微企业，没有巨无霸科创企业。"

比如，首笔科创生态放款金额262.72万元，就是为互联网汽车交易平台"第1车贷"的B端车辆经销商等小企业提供融资支持。

从华瑞银行的经验来看，以科创企业作为切入点的投贷联动模式极大地丰富了商业银行信贷模式。截至2018年10月，华瑞银行该类贷款余额已有30亿元，累计授信规模超过百亿元人民币。

（二）以移动互联为引领，提升开放金融应用能力

我国银行的获客渠道主要有二，即线上和线下。民营银行受物理网点的限制，所以大多转向线上。但是大部分民营银行的线上流量也有限，效果并不太理想。对华瑞银行来说，互联网业务建设首年，因为不能采取线下铺设网点的方式，也没有条件依靠需要长期积累的手机银行或地面推广来满足高效的获客需求，如何让客户更多地了解华瑞银行、使用其产品，成为首要难题。

此时更是银行和互联网公司纷纷押宝APP推广之际，华瑞银行另辟蹊径推出了H5轻应用——移动微银行，直接将银行开进了"朋友圈"。据朱韬介绍，"我们分析了很多同业APP的经验，发现当用各种手段将客户拉至APP下载页面时，70%的客户是不会下载的。而H5免下载，在朋友圈分享的时候，分享的是整个银行的服务。"据统计，在一个月的公测期间，使用微信、微博、QQ等社交工具转发分享这一近乎零成本的推广方式，H5轻应用"华瑞微银行"获取了上万弱实名注

册个人用户。在存款理财化的大趋势下，从"朋友圈银行"的定位出发，华瑞银行在 H5 页面上展示的产品主要以存款产品和代销产品为主。

华瑞银行对 IT 建设强调架构先行，在建设之初就制定了同时面向传统银行、互联网银行及多种创新模式的"1＋1＋N"智慧银行架构。这一架构是华瑞银行在"互联网＋"大背景下同时打造物理银行基础能力和互联网银行服务能力的战略选择。第一个"1"即物理银行基础能力，华瑞银行创造了"54 天上线自主核心银行系统、两个月打造五级灾难恢复标准的自主数据中心"的国内银行业纪录。第二个"1"的重要组成部分为大数据应用能力，定位于打造差异化竞争力的利器。"＋N"则是指在传统银行和互联网环境语境中，融入多元化、变幻莫测的生态圈和场景。

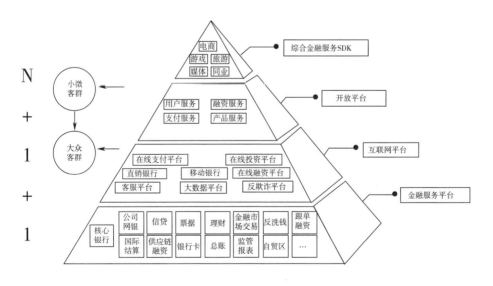

资料来源：上海华瑞银行。

图1　"1＋1＋N"智慧银行架构

就"+N"而言，如何利用开放平台和在线支付来展开银行业务，是成功与否的一大关键。在不断成长过程中，华瑞银行也明确了互联网金融业务发展规划脉络——通过打造互联网开放平台，搭建一个与客户互动、有客户参与的开放生态体系。

此后，华瑞银行着手通过与场景更为紧密的结合来寻找差异化市场。在学习同业场景金融经验的过程中，朱韬认识到，在发展互联网业务过程中也要发掘自身服务小微的特色。小微科创企业之中有不少在线上开展业务，涉及旅游、娱乐等多样化场景，当把华瑞的支付和产品向这些平台开放时，就相当于把实体银行网点开到线上平台去。

在这个思路的基础上，基于"1+1+N"智慧银行架构，华瑞银行开始打造一款集账户、支付、投资、融资、数据、营销、增值服务以及客户服务等多项能力于一体的综合金融服务解决方案——极限SDK。这个方案可以简单快速地植入各企业的应用APP中，通过提供一揽子综合化金融服务的模式，让企业应用APP一次拥有多种金融服务属性，可以说是一种全新的银企合作生态新模式。

"极限"SDK产品设计之初，即已明确：华瑞只为生态搭建桥梁，只做金融机构该做的事。此时，华瑞银行的共享金融服务开放模式已逐渐明朗——通过搭建全面支持服务的开放平台体系，实现金融与外部场景生态的全面对接。

（三）立足上海自贸区，提供定制金融服务

与其他民营银行相比，"服务自贸改革"对华瑞银行来说显得尤为重要。王均金用"中国独一无二"来界定华瑞银行注册于上海自贸区、立足上海国际金融中心的区位坐标。"这本身就是一桩幸福的事。"他格外看好上海作为金融中心城市所特有的优势：这里的金融资产多、

质量好，金融交易对手多，更重要的是，上海自贸区的金融创新试点走在前列，尤其在跨境金融领域的探索是他处所不能比拟的。"这些都是华瑞银行与别的民营银行最大的不同之处，因为我们身在上海。"

在上海自贸区这片热土上，对资本项目可兑换和金融服务业全面开放的探索正不断加快。作为第一家立足于自贸区的民营银行，华瑞银行可以利用自贸区内先行先试的金融改革开放政策，发挥区内法人银行的优势，充分利用民营银行灵活性提供定制化的自贸金融服务，获得更大的施展空间。

基于自贸区内贸易便利、投融资便利的特点，华瑞银行根据自身资源禀赋，寻找市场空白点，开展差异化经营。将目标客户瞄向中小民企，是华瑞银行与其他银行在开展自贸金融业务时的差异点。这些民企有产能输出的动力、有资本对外布局的能力、有在海外拿到便宜资金的能力，但体量还没大到让大银行注目的程度。

"同是民营血液，华瑞银行捕捉到大量中小民企也希望享受到上海自贸区政策红利的需求，而市场上，大银行对绝大多数中小民企的自贸金融需求是无法满足的。"朱韬表示。针对这一情况，华瑞银行推出了"自贸一站达"产品，为客户的自贸区公司设立、FT账户开立、商委投资备案、跨境汇款、外汇备案登记等进行全流程的指导。

"自贸一站达"产品与提供传统的金融服务最大不同在于，引入了第三方服务机构，并与知名律师事务所合作，为企业客户提供全流程的自贸区增值服务。

一家上海自贸区的融资租赁公司，需要通过银行委贷的方式将资金投向实体经济，其他银行接手这单业务，流程要7天，华瑞银行只需T+1天。在尝试三单后，该租赁公司非常满意，决定将该项业务全部交由华瑞银行，资金达上百亿元。

2017 年以来，华瑞银行还在深入了解细分行业的基础上，结合共享开放平台，自主开发更适合小微企业的产业供应链金融产品。与其他供应链金融产品不同的是，华瑞银行更注重通过现代科技打造智慧化的供应链金融，据侯福宁介绍，华瑞银行为此专门研发了智慧供应链系统，将线上线下结合，截至 2018 年 10 月末，华瑞银行供应链金融规模已达 30 亿元左右，其中民营小微企业贷款余额已超过 20 亿元。

而在风控方面，智慧供应链实现了资金、货物和信息"三流合一"的风险管理，实行与合作核心企业共享分建风控模型数据审批，这样银行在有效控制风险的前提下能为更多小微企业提供金融服务。具体操作为：一方面，华瑞银行与供应链金融服务商合作；另一方面则是寻找核心企业，并将金融服务延伸到这个企业产业链的上下游。当核心企业接收到上游企业的货物而未完成货款支付时，银行先行帮助核心企业完成应付账款的偿付；而当核心企业将商品提供给下游企业时，也会形成核心企业的应收账款，此时银行可以通过物权质押等方式，将资金贷给下游企业。

而落地自贸区为华瑞银行发展供应链金融带来的另一个便利是，可以借力政府服务的便利及外汇管制的放松，面向小微企业跨境贸易开发更有针对性的服务。2018 年，华瑞银行着手研发面向自贸区跨境电商的供应链金融服务，产品的基本逻辑则沿用了已经较为成熟的供应链金融。

三、做企业生命周期同行者

在中国，小微金融服务的覆盖面和渗透率偏低。结合企业生命周期与自身战略定位，华瑞银行提出了深耕企业、伴随成长的经营理念，针对小微企业所处阶段进行客户全生命周期管理。

这是根据美国管理学家艾迪思博士的生命周期理论作出的决策，该理论将企业存在和发展的历程划分为不同的阶段，认为产业、企业和产品在成长的过程中像生物有机体一样，也会经历诞生、成长、成熟、衰退和死亡几个阶段；而企业在成为银行客户的过程中也会经历这几个阶段。处于不同阶段的企业市场竞争力、市场占有率、销售增长率、经营成本等指标各不相同，因而信用风险和偿债能力也不同，与此同时，银行也应针对单个客户设计个性化的信贷策略。

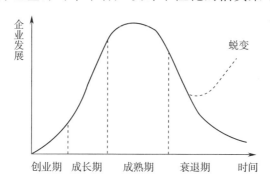

资料来源：艾迪思：《企业生命周期》，中国社会科学出版社，1997。

图2　企业生命周期

（一）小微企业创业期

借着上海打造具有全球影响力的科技创新中心之东风，华瑞银行着手探索如何成为"科创型中小企业的成长伙伴"。朱韬认为，要做好科创金融是一个细活，相比大型国有银行，民营银行需要打造自身的科创生态链服务体系。同时，他选择聚焦早期小型创业企业（华瑞银行80%以上的科创金融客户都是B轮以前企业），原因不仅在于小型企业难以从成熟银行获得服务，同时也考虑到小型民营银行在风险管理上要有一定的分散度。

在与科创型企业打交道中，朱韬还了解到，它们的经营具有高风险、轻资产的特点，缺少可抵押物，往往很难符合传统银行风险管理的要求。针对这个问题，华瑞银行开发研制了专属于科创金融的微单元融资管理系统，通过将科创企业的业务流、资金流紧密匹配，同时将贸易融资的风险管理理念、零售贷款中的随借随还技术、保理业务的跟单技术等成熟的债权管理技术引入科创贷款中，有力支持贷后管理与投后管理。此外，微单元融资模式灵活的额度管理和非矩阵式的放还款，还能帮助科创企业有效降低融资成本。

在风控方面，通过不断完善账户体系建设，加强大数据风控，华瑞银行对科创金融的贷前做到投资级尽调，平均每个客户贷前尽调时间约为 37 个工作日。

截至 2018 年末，华瑞银行累计跟踪了 700 余户科创企业，累计放款金额超过 120 亿元。所服务科创企业大多成长势头良好，诸多企业获得新一轮次的融资，企业估值有了明显提高，更有部分企业已进入 IPO 阶段。

 案例 1　帮助初创企业解决融资难问题——易点租

易点租是一家办公电脑免押金租赁电商平台，为企业提供快捷租赁、优质维护、高性价比产品的办公电脑免押金租赁服务。2015 年 3 月，易点租租赁电商正式上线提供服务。为了让办公设备轻资产的运营模式能够更好地被接受和使用，用户在网站上填完基本信息之后，易点租就会为其提供免押金的租赁服务。

为了保障服务质量，易点租在北京、上海、广东、深圳、杭州、南京、武汉、成都、天津推出了 4 小时 IT 支持服务，上门准时率超过 99%。易点租的在租设备超过 25 万台，客户每年的续租率超过 90%。对于易点租来说，设备的管理运维是其核心能力之一，而这 25 万台设备的采购也带来了不小的资金压力。

2016 年 8 月

上海华瑞银行与易点租开始接触，了解到易点租提供的服务可将传统企业经营转变为更绿色、环保的"轻业态模式"，符合上海华瑞银行科创金融的客户定位。基于易点租的资金需求，上海华瑞银行为其量身定制了投贷联动综合金融服务方案。

2016 年 10 月

上海华瑞银行开始对易点租进行尽职调查。负责易点租项目的科创金融业务总部二中心总经理杨凯认为，除了免押租赁的模式创新之外，易点租的运营也做得极为细致。对每一台设备，易点租设定的生命周期在 7 年左右。而对于性能需求不同的客户，易点租会为其推荐相对应的产品。例如对于性能要求较高的技术部门工种，易点租会推荐租赁性能好、配置高的设备；对行政等工种则建议选择性价比高的设备。因为易点租自有工厂，设备的维护和管理也得到了保障，出厂故障率小于千分之三。同时易点租会从设备型号、配置、剩余寿命等多个维度进行定价，最终的价格由算法模型进行评定，没有人工介入。对于从客户处收回的设备，通常易点租能快速为该批设备找到合适的下一批客户。在上海华瑞银行做尽调期间，易点租的出租率已经在 90% 上下浮动。

2016 年 12 月

鉴于易点租优秀的运营表现和数据，华瑞银行在首次授信中即提供给了 5000 万元的额度。随着易点租的市场占有率不断提高、客群策略的调整以及业务体量的不断扩大，华瑞银行将提供给易点租的授信额度提升到了 3 亿元。华瑞银行也对易点租的对标企业做过详细的调研分析，结合易点租生产经营周期的特点，除了围绕采销存放还款之外，还运用"随借随还"的微单元融资模式提供服务，进一步提升了效率，降低了企业融资成本。

资料来源：上海华瑞银行官网。

（二）小微企业成长期

2018 年，中国的 APP 数量已经超过 1700 万，这些 APP 覆盖了人们生活的方方面面，衍生出无数个细分场景，有着庞大的市场空间。每个 APP 背后都是一个企业，而这些企业更多是小微企业，且往往正处在拓展业务的成长期。企业在利用 APP 开展业务的过程中，每个环节都离不开金融服务的支持，包括产品销售、资金结算、消费贷款和投资理财等。同时，企业本身经营发展过程中也往往面临着资金融通的许多问题，而小微企业由于缺乏有效的经营数据、资产抵押不足，无法得到传统金融机构的服务。

随着消费金融的迅猛发展，切入日常消费场景的零售普惠业务不仅可以提升客户体验，也能帮助互联网创业企业顺利渡过成长的难关。华瑞银行敏锐地探查到 APP 发展给银行带来的打造互联网核心竞争力的机会，并从切入 APP 着手发展场景金融业务。侯福宁认为，"现在大家都喜欢提'场景'，因为特定场景的交易行为可以确保真实性。我们目前主要是选择一两个有一定市场容量的场景来做。"

　　成千上万的小电商平台因为缺乏金融能力，不得不采用与银行合作的方式提供金融服务，所以就市场前景而言，有无限可能。而侯福宁对此已有设想，现在年轻人都喜欢出去旅游，我们一直在构想旅游场景的搭建，这个链条非常长，有很多金融服务场景。"华瑞在其中的相对优势也比较突出，均瑶集团是我们的大股东，拥有吉祥航空等商旅资源。"

　　再比如，租房领域存在巨大的市场，开业后华瑞银行就开始深入研究租房市场。青客公寓是一家主要经营白领公寓租赁的公司，在走过初创期后，其租房业务有了很大发展，对资金的需求越来越大。2016年，青客公寓董事长金光杰提出希望能与华瑞银行加强合作，"上海的租房市场发展快，我们的租客大多是刚来上海的白领，没有什么存款，都是按月缴纳房租，租下房子后却面临着支付几个月房租和押金……如果不能解决租客的资金来源问题，可能会失去上海的租房市场。"金光杰谈起这个问题，非常焦急。

　　华瑞银行根据青客的这项需求，着手开发"极时花—租房贷"产品。经过反复打磨，租房贷产品形成了四大特点：一是全面熟悉市场，包括发展趋势、政策趋势、人口流动趋势，以及单一公寓的市场地位、口碑、动态经营状况等；二是严控准入标准，建立了一整套包括管理规模、股东背景、盈利能力等几十项硬指标的公寓准入政策，实现优中选优；三是应用技术手段，能快速完成线上开户、人脸识别、数据比对、快速审批，动态掌握公寓的出租率、房间数等，在结算、对账、贷后管理中应用新技术；四是重视消费者保护，每笔贷款均通过人工电话核查，有效确认消费者的真实身份、真实意愿，确保交易真实。

案例2 与企业携手走过成长期——青客公寓

上海青客设备租赁有限公司（以下简称青客）是一家由上海市青年联合会的青联委员提议发起，由国资基金引导社会资本参与投资，为解决青年人才住房问题而设立的股份有限公司。自2012年成立以来，青客发展迅猛，现有员工2000余人，100余个服务中心，房源80000余间，立志为1000万青年人才解决住房问题。公司业务已基本实现对上海、苏州、杭州、南京、武汉、北京、嘉兴等城市的覆盖。

华瑞银行与青客相识于微时，从初创期就开始为其提供服务，随着其快速发展，作为新行业、新模式、新服务的品牌公寓行业，势必遇到金融服务缺失、金融产品不足、金融创新无法满足行业需求等诸多困难。经过调研，华瑞银行发现青客的资金需求有二，一是青客本身的融资需求，二是租客有租金贷的需求。通过甄别，华瑞银行的科创金融业务部和互联网业务总部分别服务于青客公寓及其租客，与青客围绕公寓企业如何提升营销、运营、金融合作、财务管理能力等问题，不断探索合作模式，多个创新金融产品落地。

2016年7月

互联网业务总部与青客公司共建"青客宝"电子账户体系上线，通过华瑞银行开放平台，银行账户与青客APP、青客前端自助设备无缝衔接，租客、房东无须登录华瑞银行客户端即可实现华瑞电子账户开户，并为后续线上租金代扣、代付建立了基础。青客为每位房东和租客开设了虚拟号，登录后通过华瑞银行提供的电子账户，可以实时代扣、付款、查询使用青客服务所产生的各类费用。

2016 年 9 月

科创金融业务部"青客装修贷"项目落地，通过投贷联动、青客经营数据模型，实现对青客的公司授信，解决了青客拿房装修的资金缺口。

2016 年 12 月

互联网业务总部"青客租金贷"项目上线。这款产品是基于大数据风控模型的实时在线贷款产品，能够实现纯线上操作、基础大数据风控、秒级审批、清算对账自动化等多个功能。风险管理部与互联网业务总部共同搭建了征信自动解析、大数据风控模型，从租客在青客发起贷款申请到系统审批结果返回不超过 10 秒，大大改善了租客体验；通过与青客融资系统的数据接口对接，华瑞银行与青客在各类数据上实现实时自动对账，彻底解放双方人力。目前电子账户数、租金贷客户数、贷款余额开始实现快速增长。大量租客使用了华瑞银行的贷款交付租金，青客公寓就可以回收大量的资金，对企业信贷端的依赖相应减少。

在青客项目中，华瑞银行通过输出银行账户、支付、风控、贷款能力，与租房场景深度切入，形成了租客、房东、银行全流程线上租房分期的服务新模式。

资料来源：根据青客公司、上海华瑞银行官网资料整理。

但在发展零售普惠金融的过程中，华瑞银行发现该领域存在一定的信用及欺诈风险，该行不良资产全部来自在线小额消费贷。

2018 年以来，长租公寓市场出现了一系列租房贷乱象。随着租房贷业务的开展，华瑞银行也注意到部分公寓在具体操作中对消费者办理租房贷业务流程不透明，存在强迫性贷款、退租手续难办理、终止合同仍需还款等问题。此外，其在贷后监控中还发现，寓见公寓经营不善，发放的专项贷款可能存在逾期不能收回风险，向其发出了保障资产安全的要求。

虽然租房贷被外界广泛诟病，但其客观上确实可让运营商、租客、金融机构三方获利。尤其对租客而言，可在不花任何利息的情况下，从原来的季付、年付转为月付。对银行来说，租金贷是基于个人信用发放的贷款，虽然贷款放给了企业或二房东，但因为有合同及租金现金流，要比简单的信用贷更能控制风险。而长租公寓的风险主要来自特定资金运营模式导致的"短债长投"资金风险，一旦发生将导致房东无法收到租金、进而房东赶走租客、租客违约的系列连锁反应。

因此，要想把普惠零售业务真正做出口碑，华瑞银行还需要对合作伙伴的商业模式、盈利能力、负债率及风控能力进行更深入的考量。

（三）小微企业成熟期

当前产业供应链金融已成为民营银行跑马圈地的重点领域。而一条供应链上有80%以上都是中小企业，相对于处于链条中心的核心企业，中小企业的需求往往是小金额、批量化，单笔几十万元、几万元甚至几千元不等，却往往会因融资信用不足而拿不到贷款。因此，大市场、小企业，账期长、资金紧，就是目前国内企业普遍面对的经营现状。

就职于华瑞银行风险合规管理总部的史济川发现，小微企业融资难和融资贵是一个硬币的两面，而华瑞银行的努力方向则是利用大数据风控来破解融资难问题。"我们不能指望融资既容易又便宜，先得帮助小微企业以最便利的方式融到资，而在此过程中银行不断提高效率，最终才能让融资成本降下来。"史济川这样总结。

华瑞银行在解决这些中小企业融资难、融资贵问题中发挥了其服务小微的基因优势。通过对传统普惠金融几无覆盖的物流行业和钢贸产业进行深入调查和研究，以全国 ETC 高速公路后付费及钢材交易场景为切入点，推出了"运力贷"和"瑞 e 订"。

华瑞银行发现，供应商采购的时候需要大量的现金流，对于资金不算雄厚的供应商来说是一个沉重的负担，稍有风吹草动，就会有资金链断裂的危险。因此在放贷过程中通过深入货物流通过程以及仓库库存的结余管理，及时放款，既解企业的燃眉之急，又严格把控资金风险。此外，据测算，取得贷款的企业融资成本远低于同期上海全市银行业中小企业贷款成本均值。

 案例3　助力钢贸企业走出发展困境——钰翔集团

上海钰翔国际贸易有限公司是一家专业从事螺纹钢、线材、圆钢、板材、商砼、模板、瓷砖、涂料、石材、木材等建材销售与配送的公司，被选入全国百强钢材营销企业和上海市钢贸"五十强企业"。经过三十多年的发展，其建材配送的品牌已在建筑施工行业享有良好的口碑。

近年来，随着钢贸风暴的持续影响，给整个钢贸行业带来很大的冲击。在大环境下，钰翔也面临非常大的困境：一是市场营销困难，特别是找到配送量大和付款条件好的项目非常难；二是饱受钢贸骗贷之苦的银行谈"钢"色变，有钱也不愿贷给钢贸企业，因而使得钢贸行业在贷款上受到很大限制，融资规模逐年下降；三是项目方的压价和钢贸商的相互杀价，使钢贸企业的经营利润越来越薄。正当钰翔陷入融资危机之时，华瑞银行伸出了援手。

华瑞银行从供应链金融角度切入，开发了"瑞e订"产品。以钰翔环保为种子客户，通过产品的整合、流程的再造、系统的开发，将建筑行业中小微钢贸供应商的融资需求与大型建筑施工商的优质信用有机结合起来，实现了核心企业信用向上游供应商的转移。

主要创新点

1. 借款人融资时点提前，有效缓解资金压力

瑞e订产品中，引入实力较强的贸易中间商——钰翔环保，通过与钰翔环保的合作，对上游钢贸供应商的商务合同、物流流程、结算方式进行标准化制定，当供应商根据商务合同约定直接将货物运往大型国有施工企业（核心企业）指定工地且由核心企业签收确权后，银行即可对供应商发放融资，一方面降低了对小微供应商企业的授信门槛，另一方面将小微供应商企业的融资时点较传统保理融资平均提前了60天，有效解决了小微供应商的融资需求。

2. 在线批量融资，有效降低借款人操作成本

瑞e订产品是一款线下风控、线上融资的产品。华瑞银行运用金融科技，通过系统开发与升级，为借款人、钰翔环保提供以企业网银为载体的服务端口。钰翔环保及借款人可通过网银实现与银行的信息交互，包括在线提供应收账款清单，在线确认应收账款信息，在线申请融资，在线自动放款，到期在线自动还款等功能，极大地提高了银行为上游供应商提供批量化融资的能力，有效降低了借款人的融资操作成本。

3. 派驻风控人员，实地掌握供应链关键信息，提高风控能力

瑞e订产品中，华瑞银行向钰翔环保派驻风控人员现场办公，实时了解并全面掌握瑞e订产品运行所必需的物流、资金流、现金流、行业

动态等重点信息，对商务合同签订、货物签收确权、应收账款确认、到期货款结算等重要环节进行信息核实，对瑞 e 订产品贸易背景及融资条件进行现场审核，有效实现了线下审核与线上融资的衔接，提高了风险管理效率。

资料来源：根据钰翔集团、上海华瑞银行官网资料整理。

四、致小微——我们的未来不是梦

2015 年开业时，华瑞银行明确了"十年三步走"的战略思路。第一步用三年左右时间解决"活下来"的问题，第二步完成"活得不同"，第三步实现"活得精彩"，最终成为生存基础扎实、创新特色鲜明、资本市场认可的银行。在 2017 年年报里，华瑞银行这样形容自己——基本实现了"十年三步走"的第一阶段目标。"过去的三年我们已经解决了生存问题，接下来要面临如何进一步实现差异化，打造差异化品牌，活得更好的挑战"，朱韬表示。

而在 2018 年 9 月，华瑞银行和其他民营银行一起迎来了重大利好消息，监管层下发了一份试点民营银行业务常态化和开展新业务的"58 号文"。拟允许营业满三年，且所在地省政府出推荐函的民营银行，试点开展资产证券化业务和员工持股计划，也可以在注册地的城市开设新的网点和分支机构，即放松"一行一店"的限制。目前满足开业 3 年以上条件的，正是首批五家民营银行。这是民营银行一直在争取的，"一行一店"的掣肘一破有助于开拓客源，允许员工持股也会优化企业内部管理和激励机制。

位于上海浦东世纪大道上的华瑞银行网点现代感十足、颇具特色，但最引人注目的还是摆在大厅中的智能山地自行车、防雾霾口罩、安全摄像头等一系列产品。朱韬解释说，这都是华瑞银行服务的科创企业生产的产品，华瑞银行的网点不仅提供金融服务，也要作为民营企业特别是小微企业的展示窗口，以促成和寻找一些机会。

"正因为我们的民营基因，我们才拥有了解民营企业的能力。民营银行如果只做锦上添花的事，那就失去了改革的意义。对于民营企业、小微企业，我们必须雪中送炭，要一起坚持下去，共同成长"，朱韬如是说。那么，华瑞银行接下来能为小微企业再做些什么，如何利用科技创新做活做深小微金融？他不由陷入了沉思。

新网银行：

数字普惠金融的万能连接器

2018年6月12日，美国华盛顿，国际货币基金组织（IMF）总部。

应IMF总裁拉加德的邀请，上海新金融研究院（SFI）和北京大学数字金融研究中心（IDF）与IMF联合举办的"金融科技与科技金融：中国的业务模式、市场结构与监管实践"研讨会正在进行。这是IMF历史上首次就特定行业主题进行大规模的专题研讨交流，也是中国经验首次走入IMF，中国金融科技监管机构人士、学者、金融机构从业者共同在国际舞台上展开对话、分享经验。

在出席研讨会的中国金融科技企业当中，当时仅仅开业一年半的新网银行，可以算是其中最"新"的机构。而新网银行行长赵卫星在现场向包括IMF第一副总裁David Lipton在内的国际专家阐述了一个更"新"的理念——万能连接器。

作为一家"银行"，基本的业务就是存款与贷款；而没有实体网点，无法大规模地吸收公众存款，没有存款放贷也就无从谈起。这两方面的业务都开展不起来，一家没有显赫股东背景和场景优势的"民营银行"，又该如何生存与发展呢？

"新网银行的核心打法是依托金融开放平台，'万能连接'资金、资产、流量、场景、数据等"，赵卫星在发言中表示："像搭积木一样搭出合作伙伴想要的样子，快速拓展数字信贷业务。"

新网银行这一全新的"万能连接器"模式激发了在座的数十位IMF 经济学家与官员的好奇心。他们更想了解的是，这一创新模式背后的逻辑和故事是什么样的？面临的挑战和前景又如何？

一、始终贯穿创新理念的筹建过程

筹建一家民营银行究竟有多难，新网银行行长赵卫星回忆起这段往事时表示："由于整体筹建时间只有六个月，而我作为新网银行第一个员工入职的时候，时间就仅剩下四个月。当时我已经觉得不可能，我们可能将是中国民营银行史上第一个申请延期的银行。"

实际上，对于新网银行的大股东新希望集团而言，筹建银行这并不是第一次。在 2016 年筹建新网银行①的整整 20 年前，为了更好地为民营企业提供金融服务，中国民生银行于 1996 年 1 月正式成立，新希望集团同样是大股东。

民生银行作为我国第一家民营资本设立的银行，在创办初期受到了制度的多重限制。首先，监管部门要求民生银行的行长、副行长由中央指派，董事长由全国工商联指派。其次，要求单一股东最大持股数不得超过 10%。所以民生银行严格来说是"民营资本 + 非民营管理"

---

① 2016 年 6 月，获银监会批复筹建时名为希望银行，当年 12 月 28 日对外宣布成立时定名为新网银行。为避免读者混淆，全文统一称为新网银行。

的模式。虽然在成立初期将为民营经济和中小企业、高科技企业服务作为主要发展战略，但经营过程中遇到的现实困难，使得民生银行的市场定位开始转向国企、优势行业和大客户，毕竟作为一家银行，生存仍是第一要务。

之后，随着我国经济体系中的多种所有制经济共同发展，民营经济的体量越来越大。而金融体系中，诸多原因导致了资源更向国有企业倾斜，民营企业的融资难融资贵问题日益突出。

为了将金融活水精准"滴灌"于小微和民营企业，国务院在2013年7月推出"金十条"[①]，允许由民间资本发起设立自担风险的民营银行。随后，银监会确定了民营银行的试点方案，并于2014年7月确认首批试点的3家民营银行，在同年12月批准了首家民营银行——前海微众银行开业。

对于民营银行真正的职能定位和历史使命，习近平同志在2018年11月1日举行的民营企业座谈会上指出，解决民营企业融资难融资贵问题，要发挥民营银行、小额贷款公司、风险投资、股权和债券等融资渠道作用。[②] 显然，新希望集团、小米等大股东不会希望筹建中的这家民营银行做成第二家"民生银行"，而是做成坚守上述使命与定位的真正的"民营银行"，践行始终聚焦于面向长尾客户与小微客户的普惠金融。

（一）新的模式

按照罗兰贝格发布的《中国民营银行蓝皮书》中的描述，民营银

---

① "金十条"是指2013年7月5日国务院办公厅下发的《关于金融支持经济结构调整和转型升级的指导意见》。

② 《习近平：在民营企业座谈会上的讲话》，2018年11月1日。

行的筹建一般都要经历从抽象到具体的过程。"抽象"指的就是由公司的管理团队制定战略目标，"具体"指的是基于此目标细化业务规划，并搭建具体的支撑体系。

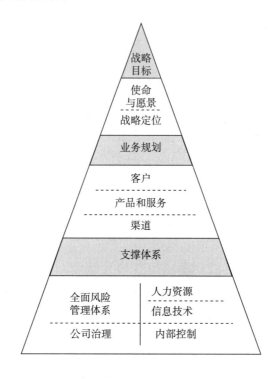

资料来源：罗兰贝格：《中国民营银行蓝皮书》。

图 1　民营银行战略"金字塔"

　　按照银监会的规定，民营银行的筹建期为批准之后的 6 个月，可以申请一次 3 个月的延期。由于在 2016 年 6 月就拿到了银监会的筹建批文，比预想的更快，所以此时负责整体筹建与经营的管理团队还没有就位。

　　依据股东们的设想，新网银行应该采用"线上＋线下"渠道，定位于普惠补位的业务模式。所以在选择管理团队负责人时有两个条件，一是希望有线上、线下复合式的经验，二是希望寻找更加年轻的人员，毕竟一家互联网银行的领头人要跟得上整个互联网行业日新月异的变化。然而现实的困难是，在传统金融行业中，丰富的管理岗位工作经验一定是一种岁月的积累，这样的高端人才在年龄方面可能又不太能满足股东们的要求。

由于股东对上述两个条件的坚持，在耗时两个多月之后，直到8月初，一位完美匹配上述条件的人选——赵卫星才正式加入筹备组。曾先后在华夏银行、浦发银行、民生银行、杭州银行等传统银行机构任职的赵卫星，在民生银行工作时就与新希望集团有过接触，双方相互之间已经有了一定程度的了解。后来，赵卫星加入蚂蚁金融微贷事业部任运营总监，参与了第一批试点的民营银行之一——网商银行的筹建全过程。网商银行成立之后，又担任执行董事及副行长，工作能力与经验等各方面均完美契合股东们设定的条件。

为什么要离开刚刚成立不久的网商银行，再经历一遍筹建民营银行的艰辛？赵卫星表示，网商银行背靠阿里和蚂蚁金服的优势资源，并不能完全算是"从零开始"。"依托于大股东太过明显，在我看来没有更加开放的可能性。"赵卫星认为，"所以我想能不能再跳出来，成立一家不依托股东资源、更加开放的银行机构。因为，在线数据化银行肯定是面向所有场景和客户群体，而不是被股东资源局限在某些场景里。"

此时，赵卫星入职的时间，距离年底的截止日期只剩4个多月。虽然可以申请3个月延期时间，但这将会影响市场对民营银行的信心，并对股东方产生负面影响，因此除非有重大突发事件，获批筹的民营银行均会力争在规定时间内完成所有准备工作。因此，筹建工作的当务之急是尽快将股东们设定的战略定位落实到具体的业务模式上来。

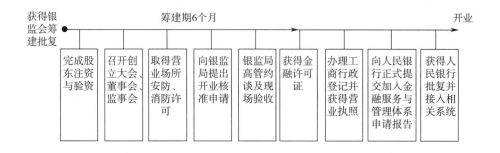

资料来源：罗兰贝格：《中国民营银行蓝皮书》。

图2 民营银行批准筹建到开业时间轴

民营银行的业务模式可以划分为三类：场景银行、公存公贷模式银行、开放平台模式银行。所谓场景银行，即基于股东的主营业务资源，能够在获客入口、产品销售渠道和用户行为数据上占据优势，典型的例子就是微众银行和网商银行。公存公贷模式银行则包括早期的温州民商银行和天津金城银行等民营银行，它们以公司业务为主，秉承银监会在开闸民营银行时提出的"公存公贷"模式。

而新网银行的战略定位则是第三种模式——开放平台模式银行。开放银行是指利用开放 API 技术，实现银行与第三方机构之间的数据共享，从而提升客户体验的平台合作模式。该模式以小微信贷业务为主轴，重点在资金存管、科技输出（风险识别和反欺诈）、同业开放平台搭建等业务板块进行创新。

对于新网银行的定位，赵卫星有更形象的描述："无论是拥有怎样个性的个人，无论是拥有怎样属性的公司，都需要一个万能的连接器、转换器进行连接和适配。新网银行希望成为那个连接器、转换器。"

（二）新的架构

有了全新业务模式，摆在筹备组面前的仍有五大难题。

1. 业务的战略重点

之前两家定位于"互联网银行"的民营银行——网商银行和微众银行都是属于大股东资源项下的机构。背靠淘宝和微信这样的"金山银山"，上述两家银行开展业务，更多的是利用大股东所拥有的完整产业链和生态圈优势。新网银行如果采用类似的模式，开放平台模式就无从谈起，而且大股东资源的"天花板"决定了机构未来发展的上限。因此，在线数据化的银行肯定是面向所有的场景，客户群体不能局限在单一的场景里面。

在场景类型的选择上，更侧重于消费场景。拉动中国经济的"三驾马车"之中，投资和出口近年来的表现略显"平庸"，而消费则"一枝独秀"，对稳定经济增长起着至关重要的作用，国家层面对于促进消费转型升级的政策也层出不穷。因此，新网银行选择将主营方向定为线上消费信贷业务。

2. 组织架构的设定

在战略重点明晰之后，下一步就要快速设定组织架构。传统银行的组织架构一般有零售（个人）金融部、公司金融部等，而极具互联网基因的新网银行，其前台部门的名称设置也饱含互联网色彩，分别命名为 B2C、B2B、O2O 等。

同时，还设置了另外一种架构——灵动组织。在线业务需要不断分裂、不断演化、不断生成新的组织并淘汰旧的组织。现在还不太能准确定义灵动组织是怎样的一个部门，它可以是一个想法、一个思路，也可以由一两位员工自己裂变出来，随着业务的发展组织结构不断壮大，再来判断它是能成为一个真正独立的架构，还是继续分化或者灭亡。

3. 团队建设与招聘

架构确定下来之后，首先入职的是三位"首席"。包括熟悉线上、线下业务风险控制逻辑以及精通数据化模型整个建设过程的首席风险官徐志华，具备超大型银行系统架构设计与实施能力的首席信息官李秀生，数据化运营方面的顶级专家首席运营官刘波。

"一个好汉三个帮"，他们都到位之后，大规模的人员招聘随之展开。赵卫星回忆起这个过程，不无骄傲地说："两个月的时间里，200多位员工全部招聘到岗。我觉得这是非常了不起的成就。一个金融机构要在两个月内把所有的岗位人员配齐，几乎不可能，但是我们做到了！"

这个"成就"得益于三点：（1）对大部分在传统金融机构工作了很长时间的人来说，一个被认为趋势所在的新模式是非常具有吸引力的。(2) 新网银行所在的成都，作为中西部的金融、科技和教育中心，集聚了大量互联网公司和银行等金融机构的中后台，这些人才与新网银行的互联网银行定位非常吻合。（3）成都在加快人才集聚和培育方面出台了很多政策，包括加强高端人才激励、鼓励大学生在蓉创新创业、发放"蓉城人才绿卡"、加强人才住房保障等。

简单地说，有信念、有舞台、有政策，自然就成为吸引人才的"高地"。最终，新网银行组建了一支平均年龄只有29岁，70%以上的员工都是网络架构师、大数据建模分析师、反欺诈研究师等数据技术人员的团队。

4. 业务系统的搭建

此时距离年底的筹建大限越来越近，整个业务系统的开发也"马不停蹄"。基于新网银行的战略定位和规划的业务模式，决定打造出一套双系统运行模式——"传统核心 + 在线数据核心"。

传统核心的开发相对比较简单，选择了一家外部供应商来开发。根据新网银行的定位，在传统核心的常规功能模块中做了增减。去掉了和在线数据化的发展方向不太吻合的部分功能，比如减少了现金部分和票据部分，增强了互联网端和手机端的运营功能。

与此同时，所有新网银行的技术人员集中力量打造在线数据核心。对于开放平台的基本架构，设想是能够让合作平台通过接口快速接进系统，初步规划的是同时、同期能够对接20家场景。到最后系统正式运行时，开放平台已经能够同时对接120家场景。

在开发系统时，技术人员将数据结构化，所有要素之间的关联关系都拆解开，拆解之后的要素之间可以产生任意组合，形成一个全新的链接方式。提升数据处理效率的同时，开放能力也产生了。这对于无论是风控还是反欺诈，都是一次技术上的飞跃。这也把风险控制的思路完全打开了，原来都是局限于一个生态圈去讨论。而在开放式平台，从反欺诈到数据化建模的在线数据风险控制流程就此打通，风控可以介入任意一个场景，任意一个客户。

在后台，类似于账户、客户信息底层的架构，首先要确保的就是信息的安全，这是一个银行的基础。在开发过程中，对这一架构进行了瘦身，完全自我进行风险控制，不与前端开放平台进行更多暴露式交互，确保数据信息的安全。

在开发过程中，技术团队一直保持着与监管部门的有效互动。因为新网银行的业务架构，与监管之前验收传统金融机构有很大不同。通过持续沟通，根据监管不断的反馈，及时调整需要封闭的环节和可以开放的环节。到最后系统验收时，监管部门已经比较了解新网银行业务系统的整体架构和中间的每一个具体环节，因此整个系统的验收工作也十分顺利。

另外，得益于股东的帮助，业务板块的接入也是与系统开发同步进行的。通过与数十家在线合作伙伴对于客户需求的不断探讨，新网银行的业务和产品人员在系统开发阶段就开始了解未来开放式结构中产品和业务诉求的重点。

5. 其他事项的准备

除了上述四项主要筹建工作之外，还有大量繁杂且难度较高的事项，从内部管理体系搭建、上百份主要管理制度撰写、"董监高"任职资格审核，到外部营业场所、验资、法律等各类工作及文件准备，再到与多个监管部门的协调沟通工作，等等。

可以看出，在整个筹建过程中，始终贯穿着金融科技的创新运用。在逐一解决五大难题之后，新网银行还提前了十几天正式申报验收。在人员组织架构全流程全部到位，组织架构清晰，公司治理架构明确，以及系统、硬软件等环节均通过验收之后，"全新"的新网银行于2016年12月28日正式开业。

二、全新的在线数字化风控与运营

正式运营的新网银行，其"新"显著体现在由金融科技创新驱动的数字风控与服务营销两方面。

数据是大数据应用的基础，没有数据，就没有大数据生产力。赵卫星认为："实际上大数据应用在前几年还实现不了，各种软硬件条件都不具备。但现在，各地的工商、税收、社保等部门的大数据已经可以归集到一起。采用脱敏的方式，不用知道你是谁，根据数据判断你的信用状况，输出0或者1这样的值就可以。"在此基础上新网银行重点选择与第一数据源合作，建立联合建模规范，推进数据合作，拓宽数据来源，扩充数据维度。

平台是数据的重要蓄水池，新网银行基于采集、处理、分析、赋能等，建立各类平台，包括互联网数据采集平台、第三方数据获取平台、离线数据计算平台、实时数据计算平台、数据挖掘探索 AI 平台、数据治理平台等。同时，新网银行还利用大数据技术打造分布式存储和计算的大数据相关平台，实现更广泛的结构化、半结构化、非结构化等不同类型数据集中采集、存储、加工、分析和应用。

赵卫星还介绍说，新网银行的大数据团队主要分为三个部分：一是反欺诈团队，专门研究三个真实性，即真实的人、真实的意愿、真实的设备；二是数据化建模团队，通过用户个人行为所产生的数据来进行数据化建模；三是数据分析团队，解决结构性和非结构性数据的获取、拆分、存储等问题。

（一）创新的数字风控解决方案

随着大数据相关平台的持续建设和完善，数据量的增加和数据计算能力的加强，全数字化的风控成为可能。比较来看，新网银行与传统银行在风控层面有了较为显著的差异。

表1　　　　　　　　　　传统银行与新网银行风控对比

	传统银行	新网银行
决策方式	因果性决策	相关性决策
模型类型	专家经验型模型（逻辑回归）	机器学习模型（GBDT、随机森林）
数据来源	财务、征信数据	各类行为数据
评估流程	3～5个步骤	由上千棵决策树组成
使用数据量	几百 K 数据	几百 M 数据

资料来源：新网银行，金融城整理。

新网银行自主研发建立实时反欺诈系统，不但拥有传统银行类风控模型，也将机器学习信用模型应用到实时授信决策中。同时，还在不断探索将深度学习、强化学习等人工智能的前沿算法在信贷业务中落地应用。新网银行风险政策团队也借鉴了 AB 测试框架，同时在线对比多组授信策略的表现，根据实际表现自动切换流量，达到授信策略快速迭代和不断自我更新。

"风险团队有一句话，永远没有最好的模型。业务实际运营中，会根据目前的实际情况，不断调整违约率等风控的目标。而最好的模型，就是最靠近这个目标值的模型。"赵卫星介绍说，"目前，新网银行风控模型的迭代效率，在市场上已经具备一定优势。月迭代的频率已经超过 10 次，而在以前的传统金融机构里，迭代的频率可能是一年两次。"

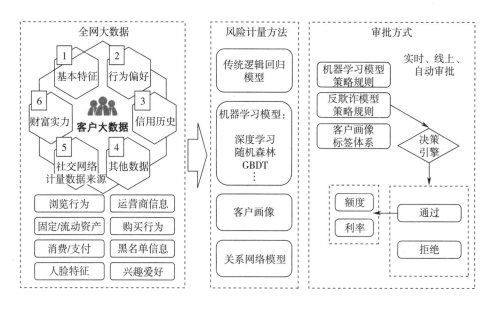

资料来源：新网银行，金融城整理。

图3 新网银行互联网数据授信决策流程

1. 基于大数据用户画像技术的贷前风险识别

依托与众多平台机构合作获得多元化的流量和多维度的大数据支

撑，新网银行建立了基于数据交换平台、实时处理平台、数据集成平台、数据开发和管理平台等大数据平台。

一旦用户进行线上申请，在其同意并授权的情况下，将从多个渠道采集而来的脱敏数据汇入智能决策引擎系统，从身份、关系、职业、资产、黑名单、操守、意愿、教育八个维度对借款人进行还款能力与意愿判定。同时，新网银行还构建了包括信用评分模型、履约能力指数模型、恶意透支指数模型、消费倾向模型等九大模型在内的风控系统。这九大主要模型又各自有300多个子模型，每个子模型又有数千个风险计量、风险判断因子，能实时评估风险，甄别客户的信用情况。

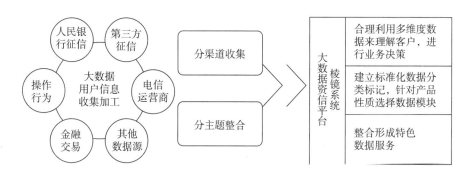

资料来源：新网银行，金融城整理。

图4 新网银行大数据资信数据收集与管理

2. 基于机器学习技术的贷中决策迭代体系

新网银行依托自主研发的实时反欺诈系统，对贷款客户实施反欺诈风控。整个决策系统不但拥有传统银行的风控模型，也借助人工智能试点机器学习信用模型，如 GBDT（梯度提升决策树）模型。同时，新网银行风险团队也借鉴了美国科技企业广泛使用的 AB 测试框架，同时在线对比多组授信策略的表现，根据实际表现自动切换流量，从而能够更精准地识别风险。

3. 基于大数据、机器学习技术的贷后预警催收系统

依托大数据和人工智能构建"贷后预警"、"智能催收"风控体系，依靠精准、理性、基于大数据的沉淀，在贷后环节上进行全面的智能监控，增强对客户的认知，最终指导贷后管理。

新网银行的智能催收体系与贷后预警是直接相关的。当系统识别出现不良之后，催收系统会生成相应的自动催收方式，例如短信提醒、智能呼叫、人工或者其他方式对客户进行催收，整体实现智能化催收。

4. 实践效果

在智能反欺诈方面，截至 2018 年底，新网银行的风控团队已经建立和维护反欺诈规则 2000 余条，有效阻断风险欺诈攻击 160 万次。在授信决策方面，决策过程需要调用近 100M 的用户数据，基于人工智能等技术，整体分析过程平均只需要 42 秒。新网银行已实现批量化处理和自动化审批，99.6% 的信贷业务全流程实现机器审批，只有 0.4% 的大额信贷和可疑交易需要人工干预，模型平均 2 ~ 3 天迭代一次，最快 7 秒完成一笔信贷审批，日批核贷款峰值 33 万笔，日客户交易峰值 40 万笔。

（二）智能营销与运营系统

1. 智能营销与获客

新网银行通过智能营销系统，实时分析用户在线行为，通过机器学习模型判断用户在办理业务的过程中是否遇到困难、是否有流失可能、是否为高价值客户，从而通过客服电话、短信等渠道提高业务转化，实现精准营销、智能营销。

2. 智能运维

为保证服务质量，新网银行打造了一套智能化监控体系。首先是

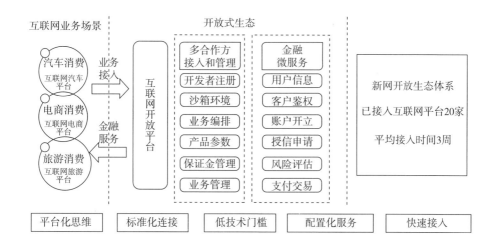

资料来源：新网银行。

图5　新网银行的互联网平台化获客

通过时序模型预测，实现全自动化且实时的业务关键指标检查；通过机器学习技术，将日志报错信息与相应的数据特征关联起来，实现问题的精准定位；通过知识图谱技术，将出现的问题与修复措施之间形成固定的逻辑关系，使得问题出现时能实现自动修复。通过这套系统，不仅提升了服务运行中问题响应的及时性，还大大降低了运维系统所需要的人力。

3. 智能运营

这里的智能运营，主要是指存管业务。通过智能情绪感知系统，及时发现和应对问题平台的负面风险。通过收集存管平台的互联网信息、结合分类聚类、专题聚焦、情感分析等自然语言处理技术，形成统计报告、图表等可视化分析结果，全面透视平台的健康状况，及时发现问题平台，为及时处置提供决策支持。

赵卫星介绍说："新网银行的存管系统实现了三个方面的打通：

第一，在新网银行进行资金存管的网贷机构，所有的账户资金进出信息与当地监管部门的系统打通；第二，存管银行也就是新网银行自身的经营信息，与当地银监打通，方便监管核查；第三，与其他合作银行实现系统和数据的打通，提供平台让合作银行查询相应的数据。"

4. 实践效果

在营销方面通过一系列优化，客服外呼申请转化率（外呼后申请借款人数/外呼前未申请借款人数）由 29% 提升至 69% 左右；其中 29% 为上线前最后一周数据，69% 为上线后三周的数据。外呼提款总额度由 220 万元/周提升至 445 万元/周；其中 220 万元/周为上线前最后一周数据，445 万元/周为上线后三周数据。通过智能营销系统，不仅提高了客户的体验，而且挽留了大量客户，大大提升了贷款产品的转化率。

新网银行通过应用和实践数据挖掘技术，将单笔作业成本优化至 20 多元，未来甚至可以降到几元钱，边际成本趋零。借款金额可以小到 500 元，借款期限小到一天，秒申秒贷、随借随还。在成本大幅降低的基础上，新网银行得以深入服务小微群体、支持实体经济、践行普惠金融，助力"二八定律"中那 80% 没有享受到完善金融服务的小微群体，提供更安全、更便捷和更高效的金融服务，用技术的力量做好普惠金融的补位者和探索者。

截至 2018 年 12 月 27 日，新网银行累计服务客户已经超过 1900 万，累计放贷金额超过 1500 亿元。人均借款金额 10000 元，笔均借款周期 150 天。在所服务的 1900 万用户中，有接近 30% 是从未获得过银行贷款的"信贷白户"。

三、全线上化运营的创新产品体系

（一）线上信贷产品

1. 好人贷

好人贷是一款纯线上的消费信贷产品，是新网银行互联网消费信贷业务解决方案具体落地的一款产品。额度一般为 1 万元至 50 万元，根据个人职业、负债情况、征信情况等进行综合评估。按日计息，随借随还，无免息期。

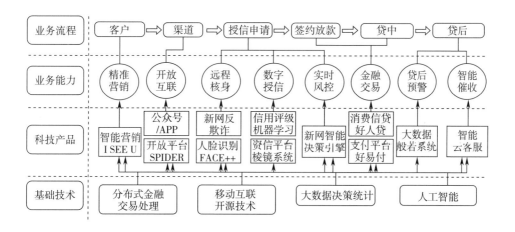

资料来源：新网银行。

图6　新网银行互联网消费信贷业务解决方案

客户申请好人贷的全部流程均通过微信公众号和微信小程序进行，不通过 APP，免去客户下载、安装、注册 APP 这些繁琐步骤。客户在相应页面上浏览界面和操作页面，在输入信息时，后台系统实时采集客户的操作动作。把采集到的信息通过一定的处理后，推送到客服系统。客户退出之后，客户经理就会在几分钟、十几分钟后与客户取得联系。

如果客户在输入信息时有较长时间的停滞，系统能够及时识别客户遇到的问题，或是客户对页面上的内容有不太理解的地方，或是对某些选项犹豫不定。客服会尽快联系客户，帮助客户尽快解决问题，提升服务体验。

对于好人贷产品的定价，当客户把所有信息录入之后，系统就会在短时间内通过系统自动产生特定的额度和利率。对于涉及欺诈或者系统在判断时出现临界值的时候，会自动转接人工处理。

之前，个人客户申请一笔银行贷款要按天计，后来到按小时计，现在已经分钟级、秒级。现在好人贷的申请过程平均是几十秒，正常情况下不需要人工介入。线上收到申请之后，最快7秒钟，最慢的也就几分钟，完全由系统自动处理。

2. 创客贷

创客贷产品，主要基于在线订单数据、应收账款数据及增值税发票等数据来向小微企业主授信。与以往银行主推的小微金融产品区别在于：授信对象由B端转向C端，作业方式由线下转向线上，申请人不需要向银行提供任何抵押物。

2018年8月，新网银行与四川天府股交中心达成合作，为在平台挂牌的6000余家中小微企业提供"创客贷"服务。创客贷额度在10万~100万元不等，单笔贷款期限最长60个月。截至2018年10月中旬，新网银行已经完成首批231家小微企业的授信工作。

（二）智能营销系统 I SEE U

新网银行作为一家互联网银行，自主获客渠道相对比较单一。目前，移动互联网时代的红利也在逐渐消失，获客的成本非常高，一个有价值的客户的获客成本为两三百元。内部统计的数据显示，在新网银行的主渠道微信公众号上，客户由主页面进入下一个环节的流失率为96.5%，而再进入第二个环节，可能就又有86%的流失率。

如何在看到客户进入系统的同时将客户留存，避免客户又悄悄离开，提高"拉新"的成功率？在业务申请的整个生命周期当中，客户在每一个环节都可能由于各种各样的原因流失掉，如何提升留存客户的转化率？由电影《阿凡达》中的经典台词"I SEE U"命名的智能营销系统应运而生。

例如一位新客户拿到信贷额度之后，下一个步骤是绑定银行卡。"I SEE U 系统"会梳理出这一流程中比较重要的页面，设置判定规则和触点。根据前期的数据和业务的流程路径，可以很清晰地知道客户在哪个环节出了问题，是拍身份证还是人脸识别的环节？是操作了几次还没有通过该环节，是一次还是四次五次？系统依据设定好的大量规则，来判断哪些环节是客户流失的痛点。第统还会根据整体业务流程中出现问题的时间、流程节点和客户信息，自动发起一个外呼任务。同时，系统可以依据上述数据，为该外呼任务自动选择相应的服务策略、沟通话术和沟通方式（电话或短信），尽可能地彻底解决相关问题。

根据客户在业务申请流程中留存的数据，结合职业、还款能力、家庭组成情况、社交活动指数等其他数据，可以打造一个优质客户群的评分模型，对高价值客户有专门的用户画像。除了评分之外，系统还会分析在这部分客户使用产品的过程中，在每一个阶段面临营销推广活动的时候，对于产品的使用周期和使用频率的变化情况。以此来总结判断出，高价值的客户群体究竟具备什么样的特征。再去反套回所有的客群，筛选出具体上述特征的客户，这样的营销和服务的准确率也就大大提升了。

在该系统试运行的阶段，仅用了三个人工，就完成了客户成功申请及提款 1 亿多元。同时，系统可以去主动解决客户的问题，发现产品流程上的各个问题。整个项目实施以来，已经提交了 500 多项优化建议，完成流程优化 100 多项。

（三）万能连接器——开放式银行

开放式银行（Open Banking）是近年来银行互联网化后的一大热词，有分析把它称为金融科技进入下半场的标志，著名的《经济学人》杂志更把它描述为银行业的"地震"。

美国财政部发布的《创造经济机会的金融体系：非银行金融、金融科技和创新》报告中表示，在 Open Banking 模式下，金融科技公司通过连接银行 API（应用程序编程接口），可以为消费者和企业提供广泛的零售与商业信贷服务。

而新网银行的"万能连接器"模式，就是一种"开放式银行"业务的探索。该模式把信贷、支付、风控、征信、大数据全部变成模块，针对不同类别互联网渠道和场景的特点，将业务元素抽象化、信贷流程标准化后，通过 SDK/API 以组件化的形式对外输出，以实现不同合作伙伴快速接入、批量接入，又能个性化定制的目的。

截至 2018 年底，新网银行通过开放超过 300 个 API 接口，与包括中国移动、蚂蚁金服、滴滴出行、携程、优信等多个大型机构，以及工商银行、渤海银行、华夏银行、天津银行等银行同业机构合作，共同满足用户在购车、教育、交通出行、电商购物等消费领域，以及创新创业、生产经营等领域的融资需求，助力数字普惠金融加速推进。

"今天的新网银行，可以不局限于任何一个场景，不依托于任何一个股东力量。只要有一个客户进来，系统都能处理。"赵卫星介绍说，"连接一定是两端的。合作机构连接新网银行，就等于通过路由与大量的金融机构连接起来。同时，新网银行把整个在线化的业务处理方式赋能给这些金融机构，让所有机构的业务处理效率和能力都得到了提升。"

同样地，连接器的两端可以是金融机构与各个客户群体，也可以是消费场景。例如，有的银行知道新网银行与滴滴有合作之后，想通过新网银行接入滴滴司机这一客群，向他们发放小额贷款。初始接入的过程中，银行可能会划定某些具体的指标来确定风险偏好，如司机的年龄是 30~50 岁，社保缴纳的范围是 3000~5000 元，整体违约率大概是 0.54，等等。在合作初始，新网银行会把这些指标写入相应的模型。随着合作的深入，新网银行还会根据 0.54 的违约率这一重要限制条件，推荐其他职业和年龄段符合要求的客群给合作银行，助推银行相关业务的进一步发展。

除了以"万能连接器"模式服务银行之外，通过与各个场景的连接，新网银行还创新性地服务小微企业。

对于银行服务小微之难，赵卫星有着切身体会："原来我在传统银行做小微产品的时候，发现一个悖论。实际上，小微企业对经营数据的线上化意愿并不强，供和销一定有一端的数据不愿线上化。因为如果两端数据都完全公开的话，相当于企业的经营利润也就确定了，而小微企业的生存空间实际上就在这种'不确定性'中。"

没有准确的数据，小微企业融资服务中的信用成本就很难精确控制。赵卫星举例说："民营银行的两家头部企业中，网商银行 2017 年的不良贷款率为 1.23%，而微众银行的不良率为 0.64%。两者近一倍的差距实际上是由服务对象的不同而决定的，网商银行对小微、微众银行对个人。"

但现在，有一些大的O2O平台，实际上在一定程度上解决了上述的悖论问题。以新网银行合作的美团为例，美团的线下餐饮店大概有1230万家，美团基本拥有这些商户比较完整的食品供货和销售订单数据。因此，在这类场景里，新网银行的大数据分析能力和风控能力就可以派上用场，基于这些商户的基本信息、注册签约信息、线上GMV表现、C端活动信息、负面行为和金融行为等维度，为这些小微商户确定授信额度。截至2018年8月31日，新网银行已经累计向美团的小微商户发放贷款3.18万笔，累计贷款金额21.63亿元，户均贷款6万~8万元。

对于这种连接合作模式，赵卫星表示："新网银行针对这一场景的风控模型也还在进一步完善当中。我们非常愿意不断往外去延伸这样的场景，但类似美团这样的场景，在小微领域还不多。"

四、未来发展面临的挑战

（一）银行未来发展的大背景

新网银行副董事长江海认为，未来的银行离不开三大发展趋势。首先是技术，在线零售信贷技术目前看来是非常先进的技术，但可能在3~5年之内，整个银行的零售信贷技术将发生跃迁性变化，数据化风控和自动化审批将成为行业的标配。

其次是流量，目前线上流量的金融价值正在呈加速折旧的趋势。有一个概念叫做互联网用户总时长，在一定特定的时间节点里面，互联网用户的总时长是恒定的。现在各个互联网巨头进行流量的变现，陆续开展金融业务，但由于互联网客户的总价值是恒定的，也就意味着单渠道的客户的总价值其实是在被摊薄与稀释的。

最后是场景。现在很多银行或者金融科技公司都在致力于场景，把场景当作金融服务或者零售金融服务的"护城河"。而实际上，需要金融服务的不是场景，而是人。一个有真实金融服务需求的用户，才是金融服务的根本。未来金融服务的接口会虚拟化，所有的服务都可能放在云端，伸手可得，摆脱时间、空间对物理网点的制约。

（二）民营银行的现实困境

新网银行主要以线上渠道为主，这种模式的前提就是能够"远程开户"。否则，这种模式少网点、少人工、高效率的特点将成为空谈。虽然，面部识别、声纹识别等技术的逐步应用，让远程开户不再有技术难关，但监管部门对于个人账户Ⅰ类账户的远程开户仍未放开，这也是民营银行揽储困难的重要原因。

揽储不行，民营银行纷纷发行创新型产品"智能存款"。该款产品本质上是定期存款，但引入"收益权转让"这一创新制度，使得智能存款具有高收益性、高流动性、安全性等特点，包括微众银行、网商银行等至少10家民营银行推出了相关产品。但随后，人民银行就对个别银行的智能存款产品进行"窗口指导"，要求限量限价。原因是利率偏高，叠加互联网带来巨大流量，导致扩张速度过快。

吸收个人存款困难，也就必然导致民营银行的资金来源只能更加依赖于同业负债。但在2017年银监会颁布了"53号文"①，其中规定了

---

① "53号文"是指《中国银监会办公厅关于开展银行业"不当创新、不当交易、不当激励、不当收费"专项治理工作的通知》（银监办发〔2017〕53号）。

商业银行包括同业存单在内的融入资金余额不能超过负债总额的三分之一，也限制了民营银行从同业机构吸收资金。

（三）开放式银行面临的问题

虽然开放式银行成为银行发展的热门方向，但也面临着诸多问题。

开放式银行连接了服务的提供方、交易发起方等众多主体，数据泄露风险增大。在网络安全方面，开放银行通过互联网渠道向客户服务，接口具有公开的共享属性，可能会导致商业银行业务系统被恶意攻击而出现业务连续性中断。此外，开放银行对商业银行外部合作方的管理提出了新的要求，在事前如果缺少健全的准入机制，将导致资质不佳的合作方浑水摸鱼，增加风险事件的发生比例。

监管层将会在平衡安全与发展的关系上，建立健全开放银行业务规则与监管框架。针对不同类型的银行业金融机构，不同种类的金融业务，设置开放银行服务红线，明确允许开放的信息接口类型、服务范围等关键要素。[①]

（四）联合贷款模式面临规范

互联网贷款以及互联网公司和银行之间、银行和银行之间的联合贷款模式已经成为服务小微企业非常普遍的模式。

而在《商业银行互联网贷款管理办法（征求意见稿）》中，对"联合贷款额度"规定，单笔联合贷款中，作为客户推荐方的商业银行出资比例不得低于30%；接受推荐客户的银行出资比例不得高于70%；同时，还重申了"属地管理"，要求区域性银行以服务本地客户为主，

---

① 根据中国人民银行科技司副司长陈立武在"第二届中国互联网金融论坛"上的发言整理。

向外省客户发放的互联网贷款余额不得超过其互联网贷款总余额的20%。

五、结语

"无论是拥有怎样个性的个人，无论是拥有怎样属性的公司，都需要一个万能的连接器、转换器进行连接和适配。新网银行希望成为那个连接器、转换器。"对于新网银行的前景，赵卫星满怀信心。

未来，新网银行将在"开放"这条路上越走越远。除了征信系统能力、风控建模能力、反欺诈能力、黑名单系统之外，还会进一步开放账户、账务方面的基础建设能力，走平台化之路。

虽然在具体的合作模式、准入标准、业务细节等方面，还有待监管部门出台具体的政策措施加以明确，但赵卫星坚信，以开放式银行的形式连接金融服务与客户，在深度学习、人工智能等金融科技手段的帮助之下着力解决普惠金融的问题，将是一条越走越宽的康庄大道。

度小满金融：

"AI + 金融" 的探索之路

　　2017 年，新年刚过，到处还洋溢着喜洋洋的年味，而朱光、孙云丰、张旭阳、许冬亮等百度金融服务事业群组（2018 年更名为"度小满金融"）的高层却集中在会议室里，针对度小满金融（原"百度金融"）未来业务方向展开讨论。

　　信贷业务大量需求待挖掘运营、理财业务的新增长动能待排序、技术研发的优先级待明确……一个个问题摆在度小满金融高管面前。与阿里、腾讯金融业务相比，百度的金融业务起步略晚，但是，此时的度小满金融高管却在难题面前充满信心，他们相信有问题就有成长，作为 BAT 旗下的金融巨头之一，凭借自己的一技之长，在广阔的金融市场中总能获得一席之地。

　　"如何作出自己的特色？"成为度小满金融高管集体深入思考的问题。"金融科技已经开始应用于金融机构解决信息不对称和防控风险等。"度小满金融副总裁张旭阳说道。"智能金融时代，金融行业在服务广度、服务体验、服务效率三个维度发生变化，我们拥有技术，可以提供服务。"度小满金融副总裁许冬亮表示。

出于百度，在场众人深受百度技术文化熏陶，因此很容易达成共识。而且，在讨论之前，度小满金融 CEO 朱光心里早已有清晰的目标，"技术创新是百度发展的基石，我们源于百度，承袭百度的技术基因，在大数据技术和 AI 技术发展方面具有天然的优势。那我们就致力于成为一家真正意义上的金融科技公司，利用人工智能等技术优势，为更多的用户提供值得信赖的金融服务。"

度小满金融确定了自己的智能金融之路，在自己最擅长的科技领域，由单打独斗转向和金融机构合作，一起为用户提供金融服务。

那么这一次的"AI 抉择"，能否助力度小满金融在新赛道上"弯道超车"，打造自己的特色航道？

一、中国 "金融 + 人工智能" 的发展

（一）人工智能行业进入爆发期

2016 年，随着"AlphaGo 以 4:1 的比分击败了世界围棋冠军李世石"和"人工智能诊断癌症"等重大事件的出现，人工智能以超乎人们想象的速度进入并占据大众视野，甚至 2016 年被称为"人工智能元年"。

事实上，我国人工智能企业诞生于 1996 年，2003 年进入发展期，2012 年以后，得益于数据量的上涨、运算力的提升和机器学习新算法的出现，人工智能在产业应用上得到快速发展。

在此背景下，国内互联网巨头看好人工智能技术的商业前景，纷纷制定战略，开始进军人工智能领域，其中以百度、阿里、腾讯为首。例如，百度从 2013 年开始搭建 AI 团队，同时涉足了深度学习与自动驾

驶领域，并推出了"百度大脑"计划，于 2017 年展出了 Apollo 自动驾驶平台；阿里巴巴推出了国内首个人工智能平台"DTPAI"；腾讯推出了撰稿机器人 Dreamwriter，开放了视觉识别平台——腾讯优图，同时成立了腾讯智能计算与搜索实验室。

除 BAT 之外，科大讯飞以语音技术为核心，通过语音技术开放平台和语音应用切入人工智能产业，为人所熟知。另外，随着旷视科技、优必选、云知声、SenseTime、中科汇联、NEXTEV 蔚来汽车等数百家创业公司的进入，人工智能领域布局如火如荼。

与此同时，我国也有多个科研平台在全面布局人工智能：北京建立了四大类脑计算研究平台，实现三类典型类脑智能应用；上海则已经将脑科学与人工智能列为市重大科技项目。整个人工智能行业迎来了爆发期。

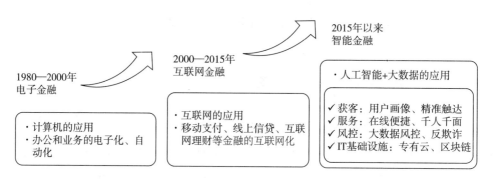

图1 人工智能技术的发展推动金融服务进入智能金融时代

（二）金融成为人工智能应用的重要场景

2012 年以后，随着人工智能行业的快速发展，其在金融领域的落地速度也在加快，如今已经在金融领域实现大规模应用。其中，比较成熟的应用主要有智能支付、智能投顾、智能风控与智能客服等，采用了生物识别、机器学习、自然语言处理、知识图谱和计算机视觉等技术。

机器学习

深度学习技术作为机器学习的子类，通过分层结构之间的传递数据学习特征，对各类金融数据具有良好的适用性。目前长短期记忆神经网络、卷积神经网络、深度置信网络、栈式自编码神经网络等算法在股票市场预测、风险评估和预警等方面进行了相关应用。

知识图谱

在反欺诈领域中，对信息的一致性进行验证，提前识别出欺诈行为；在营销环节中，可以链接多个数据源，形成对用户群体的完整描述，帮助客户经理制定出具有针对性的营销策略；在投资研究中，可以从公司公告、年报、新闻等文本数据中抽取关键信息，辅助分析师、投资经理作出更深层次的分析和决策。

自然语言处理

在自然语言处理技术中，自动分词可以将金融报表中的格式化语句进行拆分，通过词性标注为每个词赋予词法标记，然后结合句法分析针对进行标注的词组进行内在逻辑研究，进而对研报进行自动化读取与生成。

计算机视觉

主要应用于身份验证、移动支付等领域。在身份验证方面，通过前端设备的人脸捕捉与证件信息提取，然后再通过人脸关键点检测、人脸特征提取并与云端服务器数据进行信息比对；在移动支付方面，通过分析人的面部特征数据和行为数据调用相应算法从而进行更为快捷安全的支付。

资料来源：艾瑞咨询研究院。

图 2　人工智能技术在金融行业的应用

表 1　　　　　　　　　　人工智能技术在金融领域的应用案例

应用领域	主要应用创新
智能支付	银行业金融机构应用语音识别技术在支付领域创新推出"智能语音"支付功能；将人脸识别技术创新性地融入柜台对客户身份的认证操作中，提升柜台业务效率；还应用人脸识别技术创新推出 ATM"刷脸"取款，优化了用户在自助设备的取款流程等。 非银行支付机构如支付宝、微信、度小满金融，利用活体识别技术，完成支付流程的身份认证工作，判断是否有诈骗风险。
智能投顾	2014 年底，智能投顾概念开始引入我国，随后大量的科技创业企业开始出现，2015 年下半年以后传统金融机构也大力布局智能投顾方向，2016 年 6 月，广发证券推出的"贝塔牛"；2016 年 10 月，华泰证券以 7.68 亿美元并购美国资产管理软件生产商 AssetMark；2016 年 8 月，璇玑智投成立；2016 年 12 月，招商银行推出"摩羯智投"。各种主动型、被动型智能投资工具应运而生。

应用领域	主要应用创新
智能风控	智能风控侧重大数据、算法和计算能力，强调数据间的相关关系，其在风控环节中的应用主要有三：计算机视觉和生物特征的识别，即利用人脸识别、指纹识别等活体识别来确认用户身份；反欺诈识别，智能风控利用多维度、多特征的数据预示和反映出用户欺诈的意愿和倾向；正常用户的还款意愿和能力的评估判断。对于交易、社交、居住环境的稳定性等用户行为数据，运用神经网络、决策树、梯度算法、随机森林等先进的机器学习算法进行加工处理。
智能客服	金融机构的智能语音提示、智能拨号、智能催收等系统。

资料来源：金融城根据公开资料整理。

随着人工智能技术在金融领域的深入应用，传统金融机构及金融科技机构对行业的理解更加深刻，双方不再是简单地排斥和颠覆，相反存在着很大的合作共赢空间。科技企业从为金融机构提供技术服务，升级为利用现代信息技术对传统金融业务进行流程改造、模式创新、服务升级等，从而不断升级金融机构与科技企业的合作，实现更高层次的互惠共赢。

二、百度金融的前世今生

（一）诞生：曲折的探索之路

2000 年，李彦宏回国创立百度，运用四年多的时间抗住谷歌的压力迅速成长，逐渐成为国人最常用的搜索引擎。2005 年 8 月 5 日，百度在美国纳斯达克成功上市，成为 2005 年全球资本市场上最引人注目的上市公司。随后，百度与谷歌、腾讯、奇虎等众多企业在搜索业务领域展开大战，凭借先进的技术和多元化的产品生态，其市场占有率不断攀升，直至 2010 年，百度在中文搜索领域独占鳌头。

百度在互联网搜索领域独领风骚的同时，互联网与金融的融合在悄然加速。2013 年，随着《国务院关于促进信息消费扩大内需的若干意见》正式发布，发展信息消费提升内需上升到国家重大战略层面，以BAT 为代表的互联网企业开始大举渗透传统金融市场，互联网金融时代开启，市场开始弥漫硝烟，互联网金融巨头开始争相布局互联网金融业务。

2013 年，阿里以支付宝为主体筹建了小微金融服务集团（即后来的蚂蚁金服集团）；6 月，余额宝面世；12 月，余额宝规模已经达到1853.42 亿元，背后的货币基金成为市场上规模最大的公募基金。同年春天，一向腼腆低调的马化腾，直言"腾讯要拿下更多的金融牌照"；8 月，微信上线"微信支付"功能；10 月率先拿到小贷牌照，成立财付通网络小贷公司；12 月，腾讯出资 826.85 万元，入股了拥有独立基金销售牌照的好买财富。BAT 中，A、T 已然在金融领域开始了疯狂竞争。

而此时，百度刚刚遭遇来自 360 的搜索挑战，面临竞争环境恶化、自身业绩增速放慢、移动流量变现等难题，百度方才认识到"单兵"发展的缺陷，将视线转向已经打得火热的互联网金融领域。于是，2013 年 10 月，百度携手华夏基金、嘉实基金等"行业王牌大佬"推出"百发理财"系列产品。

随后，互联网金融之争进入白热化，2014 年 4 月，腾讯成立微信事业群；2014 年 10 月，蚂蚁金融服务集团正式成立，阿里和腾讯开始了在金融领域的正面对攻。

此时，百度已然拿到"第三方支付牌照"、"小贷公司牌照"、"基金销售支付结算牌照"，一个更宏大的计划即将孕育而生。

"百度金融的成立源自一个很朴素的想法：在百度上有很多学生，他们在搜索知识，同时他们在搜索培训机构和学校，学生都希望通过得到更多的教育提升自己，包括英语培训、IT 培训。当然还有很多网民是没考上大学的，他们希望在搜索职业教育机构（比如厨师学校、汽车修理学校等），希望通过一技之长，将来能够改变自己的生活和命运。但是，很多人因为学费很贵，放弃了继续学习的想法。现在职业教育的成本其实挺高，于是我们想做一个金融业务，希望能够帮助这些学生，让他们有足够的资金完成学习过程，从而有不一样的未来。"朱光回忆道。

基于这样的想法，李彦宏决定组建金融服务事业群组（FSG），随后发布的内部信息显示"朱光与百度 Fellow 孙云丰牵头，携消费金融业务及团队、钱包支付业务及团队、互联网证券业务及团队、金融市场研究与策略团队等，组建 FSG，并将金融业务上升至百度战略级位置"。几经波折，2015 年 12 月 14 日百度金融诞生。

（二）蹒跚成长：从金融到科技的转变

1. 首战教育信贷，技术创新破局

2015 年是百度金融的历史元年，也是百度金融破壁成功的一年。在朱光的带领下，当时的百度金融将首个战场确定在教育信贷市场。

2016 年初，百度金融采用流量推广业务的代理制在全国大面积招代理商，然后以百度搜索场景为依托，深挖在百度上搜索留学、职业教育、培训等信息的用户，然后再与在百度上投放广告的教育机构谈合作。半年之后，百度第二季度的财报就显示，在教育信贷领域，百度金融服务事业群已经与超过 600 家教育机构达成合作，业务覆盖了全国 95% 以上省区。

教育信贷市场的迅速发展给百度金融带来了突出的业绩，但同时也带来了巨大挑战。"贷款申请流程太复杂了，好麻烦啊！""为什么我的申请还没过，不是说审批速度快吗"……一系列后台客诉摆在了百度金融高层面前。"我们的系统在审批速度、风险定价等方面有些跟不

上了，后台出现很多意见，许多教育信贷客户贷款申请都无法及时审批。"在一次会议上，信贷市场负责人明确提出该问题。彼时百度金融正值初创，系统本身服务的稳定性、性能各方面都需要进一步优化，以支撑百度金融日益增长的用户需求。

于是在 2016 年百度金融打响了信贷业务创新领域的第一战——"辽沈战役"。"辽沈战役"是百度金融为解决教育信贷中的通过率、审批效率、风险定价等问题进行的第一个金融科技创新项目。

经过两个多月的努力，百度金融应用 AI、大数据等底层技术，重构了整个信贷的服务核心系统。新系统的上线大大提升了教育信贷的秒批率和通过率，一分钟填写资料申请，10 秒钟就可以通过；行业通过率从之前的 70％ 提高到最高的 95％；此外，百度信贷业务年化利率从 20％ 左右降到 18％，再到 14％。百度金融以其高通过率和低利率拿到教育信贷的大部分市场。百度 2016 年第四季度财报显示，百度在教育信贷领域的市场份额已达到 75％。

2. 教育信贷遇挑战，强化"大数据＋AI"助力金融成长

然而，技术创新助力百度金融教育信贷规模迅速增长，但同时也埋下了隐患。2017 年，原本势如破竹的百度金融信贷业务遭遇了合作伙伴——教育机构的狠狠一击。一些教育机构的经营风险爆发，百度金融在信贷市场得到了难忘的教训。

受挫的教育信贷还要不要继续做？答案是肯定的。李彦宏曾说过，"要让每一个积极向上的年轻人，在发展自己的道路上，不会因付不起学费而放弃梦想。"百度金融并不打算放弃最初的计划，那么"如何做"成了百度金融重新面临的问题。百度金融高层开始新一轮的探索。

在百度金融经历波折的同时，我国的互联网金融行业也迎来转折。2016 年，互联网金融行业迎来强监管，互联网金融发展遇到阻碍，众多

互联网金融企业开始纷纷寻找出路。此时互联网技术辅助金融业务发展的优势逐渐凸显，传统金融机构也纷纷引入互联网科技实现业务的创新提升，金融与科技的融合以星火燎原之势崛起，金融科技开始成为行业风口。

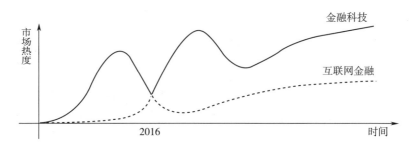

资料来源：艾瑞咨询研究院。

图3　互联网金融与金融科技市场热度示意图

金融科技的入场使百度金融灵光一闪，技术创新是百度发展的基石，作为技术投入占比全球最高的互联网企业之一，百度具有极强的大数据基因，数千万的网页、上千亿的信息处理使百度在金融科技方面拥有先天优势。早在2016年，百度已经推出"百度金融大脑"。

专栏1　百度金融大脑

金融大脑包括感知引擎和思维引擎两个部分。其中，感知引擎能够实现"听、看、读、说"等感知能力，背后基于百度的语音识别、人脸识别、OCR、自然语言处理、语音合成等AI能力；思维引擎能够实现"学习、分析、预测"能力，其整合了百度的数据、算法及算力优势，提供建模与分析平台，帮助金融机构解决业务问题。基于大数据、金融云及区块链等技术，"金融大脑"将提供智能营销、智能风控、智能客服、智能投顾、智能监管等一整套完整的能力体系。

作为百度孕育的"孩子"，借助百度的强大的数据和 AI 基因，打造属于自己的"大数据＋AI"技术服务体系，从而辅助金融业务安全、稳定成长是百度金融进入金融科技市场的最初想法。于是，2017 年初，为了满足自身做金融业务的需求，依托百度金融大脑，百度金融信贷风控技术小组再次领命，开始着手研发系统性的金融业务支撑技术。就这样，百度金融开启了在大数据和 AI 领域的征程。

3. 技术成熟，开启金融科技服务之路

趟坑，摸索，再趟坑，再探索……百度金融以自身金融业务为实验基地，逐渐完善"大数据＋AI"技术服务系统，经过三个多月的完善，该系统的风险控制和技术支撑已经成熟应用于信贷全流程风控。

优秀的智能获客能力、高水平的身份识别技术以及全流程的大数据风控表明百度金融"大数据＋AI"技术已经成熟。在此基础上，百度金融的思想开始出现了转变，技术上的超高投入如果仅用于支撑自身的金融业务显然有些"浪费"，也难以服务更多用户，既然该技术系统能够支撑百度金融的金融业务良好发展，那是不是也可以帮助更多的本身技术实力不如百度金融，研发投入偏小、科技人力资源不足的金融机构？将自身的这种技术服务输出，实现彼此双赢。

此时的金融科技行业也迎来了在金融领域应用的集中爆发期，2017 年 3 月 28 日，中国建设银行和阿里巴巴、蚂蚁金服达成战略合作，打响传统金融机构与创新型互联网科技公司合作的"第一枪"。

随着银行业巨无霸和互联网巨头为了金融科技携起手来，银行业和互联网行业在金融业务领域的竞争格局被打破，拥有完善的金融科技服务系统的百度金融作为互联网金融科技巨头之一，也在 2017 年 6 月 20 日与中国农业银行开始了全面战略合作，从此开启了百度金融的"大数据＋AI"技术输出之路。

（三）毕业：拆分独立，更名"度小满"

从开始对外技术输出，百度金融就犹如"蛟龙入海"，迅速将对外合作扩充至上百家，在获客、大数据风控、反欺诈、资产的贷后管理等方面实现对金融机构的技术输出。而在理财资管领域，百度金融也与长江养老保险、百信银行等金融机构携手，通过技术输出，共同开发和推出理财产品。百度金融用事实证明定位金融科技是正确的选择。

百度金融在技术领域的发展明显已经成熟，为了方便获取更多业务发展所需的牌照，以最适宜的机制保障百度金融长期快速健康地发展，百度这位"父亲"决定放手让其独立成长。于是，2018 年 4 月 28 日，百度宣布旗下金融服务事业群组正式完成拆分协议的签署，拆分后新公司以金融科技立足，将拥有一个全新的名字——"度小满金融"，实现独立运营。

"在百度 AI 生态战略下，很高兴看到金融业务'率先毕业'。"百度董事长兼 CEO 李彦宏表示，"这是继爱奇艺上市后，百度 AI 生态的又一里程碑事件。"

拆分之后，在具体业务条线仍然延续之前百度金融的业务，主要有度小满理财、有钱花、度小满钱包、金融科技四大产品线。

1. 财富管理平台——度小满理财

理财业务是百度在金融领域开始的第一个探索，曾经的"百发理财"风靡一时，为度小满金融的理财业务累积了一批忠实客户。尽管理财业务没有使度小满金融在竞争对手中异军突起，但是面对百度生态系统中产生的大量的理财需求，度小满金融有坚持的底气。张旭阳曾表示，"每天通过百度检索理财相关信息的次数达到 3500 万以上，借助百度场景，我们能够更好地为 C 端客户提供服务。"

于是，在成立金融服务事业群组后，度小满金融在 2016 年 3 月上线了活期理财业务，4 月又上线了定期理财业务，2016 年 8 月 8 日百度注册百度百盈科技子公司，百度金融副总裁张旭阳为法人代表。拆分独立后，度小满金融已经获得保险经纪、基金销售等牌照，度小满理财重点推出四类产品，活期理财、定期理财、基金定投和保险。

2. 信贷业务——有钱花

"正是因为百度有非常多的信贷场景，所以我们推出一个产品叫'有钱花'。"朱光在 2018 年 9 月 2 日金融城（CFCITY）与中国金融四十人论坛（CF40）联合举办的"第三届全球金融科技（北京）峰会"上提到。

"有钱花"原名为"百度有钱花"，定位是提供面向大众的个人消费信贷服务，打造创新消费信贷模式。布局多条产品线，包括"有钱花—满易贷"、"有钱花—尊享贷"、"有钱花—小期贷"、教育分期等多种信贷产品，多场景满足用户的借款需求。

2017 年以前，尽管百度金融以其特殊的商业模式迅速占领了教育信贷市场，但整体信贷业务规模增量有限。随着大数据、AI 技术支撑体系的不断完善，百度金融信贷业务规模增长加速。

目前，度小满金融已与超过 65 家银行和消费金融公司合作，截至 2018 年 2 月，累计放贷总额超过 3100 亿元，共同服务的小微企业主已达 700 万。

3. 支付业务——度小满钱包

"度小满钱包"前身是"百度钱包"，成立于 2014 年，其目的是为了打通百度所有的应用，包括视频、音乐、团购、地图、游戏等移动应用，打造一个联系商家与个人消费者之间的快捷对接方式，从而支撑百度的 O2O 生态系统。

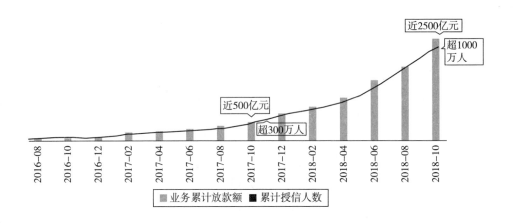

资料来源：度小满金融。

图4　度小满信贷业务发展情况

　　然而，此前支付宝已于2003年借助电商系统展开业务，微信支付2014年初借助红包一炮而红，此后移动支付大战、O2O大战此起彼伏，BAT在支付领域的差距逐渐拉开。

　　目前，在国内，度小满钱包更多的是作为度小满金融乃至整个百度体系的基础设施，构建支付账户体系闭环的作用的存在，而非外延性扩张。市场方面，无意与支付宝、微信支付竞争。截至2018年末，度小满年度支付结算规模近万亿元，支付场景主要覆盖百度APP、网盘、地图、贴吧、爱奇艺等各大消费场景。

　　值得一提的是，2019年央视春晚，百度与其达成独家互动合作。作为承担了百度春晚红包活动从实名认证、绑卡签约到提现的全流程的支付机构，春晚红包成为度小满钱包首度最大规模"全民亮相"。

　　最终，百度十亿摇红包带来了208亿次互动。对此，度小满成立了一个数百人的项目组，包括产品、研发、运营、客服以及风控团队。在产品方面，优化已有的用户体验流程，让用户有更好的体验，提前落实了服务流量隔离、系统升级、专线新增以及服务器扩容等工作，进行了多轮全链路压力测试和多轮的方案预演，保证了流量峰值时段的体验。

三、度小满金融的 "大数据＋AI" 技术

度小满金融是一个有 AI 技术背景的"孩子"，在诞生之初百度这位"父亲"就宣布从一家搜索引擎公司转变为人工智能公司，而度小满金融的诞生恰是百度在人工智能领域布局的重要赛道之一，也就意味着度小满拥有良好的金融科技支持。

在百度的技术支持下，又经历了技术的探索和两年多的蹒跚成长，现如今的度小满金融在金融科技领域已经名列前茅了。随着 2017 年 6 月"磐石"系统和 2017 年 11 月"云帆"平台的连续对外开放，度小满金融智能营销、智能风控、智能客服、智能催收体系已能成功对外应用。其中，依托大数据，通过现有的需求响应模型，度小满的智能营销能力已经能够对用户的需求、信用、风险等级进行准确判断，到 2018 年 9 月，给用户匹配的产品精准度已经达到95％。

在智能风控方面，基于百度专业的深度学习算法和海量数据训练，度小满金融人脸检测及识别算法世界领先。人脸识别技术，无需活体动作即可识别是否真人，可抵御照片、视频等攻击，精确区分活体，识别准确率超过99％。百度 OCR 公开数据集指标中，ICDAR 竞赛五项世界第一，OCR 识别系统经过百度钱包产品实践检验，产品也已经成熟稳定。支持实时文字识别能力、弹性灵活的高并发承载99.95％的可用性保证。此外，图像识别和声纹识别也到了可以应用的阶段。而且，通过多头监控系统，可及时捕获异常状况，提前 1 个月准确预警风险。

　　度小满金融的智能客服系统重点应用于电销、运营、客服、催收等场景中，机器人语音交互效果与人工电话的业务指标持平。2018 年 9 月的客户体验调查报告显示，人机多轮交互准确率达到 85% 以上，且内容完全合规。而机器人成本相当于人工客服成本的 1%，且无工作容量瓶颈。在催收方面，智能催收机器人使用状况良好，可帮助节省 40%～50% 的人力，提升 5% 以上的回款率，综合回收率可提升 5% 以上，数据表明客户体验良好。

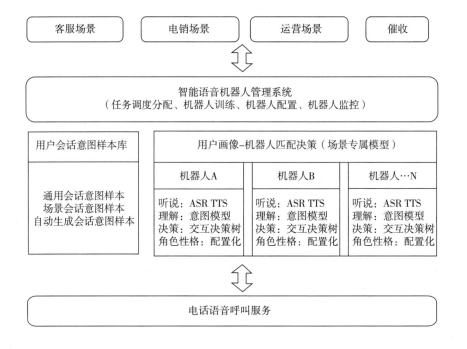

资料来源：度小满金融。

图 5　度小满金融智能语音系统

　　从各方面应用来看，度小满金融的"大数据＋AI"技术所带来的成绩均名列前茅，那么其核心优势到底是什么，这是一个不得不挖掘的秘密。

度小满金融凭借独特的数据基础,采用 spark graphx 建立一套图计算管理、关联快照和关联分析算法,创新研发了市场上的图关联网络技术,可以帮助金融机构有效识别隐藏在网络中的黑产信息,在团伙欺诈、黑中介识别、复杂风控规则实现等方面协助机构快速提高风控产品和运营能力。

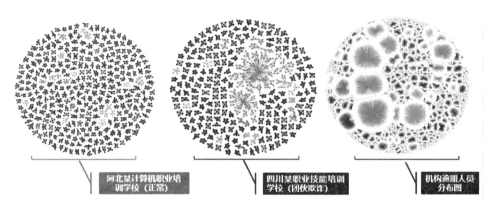

资料来源:度小满金融。

图 6　度小满金融识别欺诈风险应用示例

四、度小满金融的 AI 商业化道路

以金融科技公司之名诞生的度小满在发展的道路上设立"科技为主,金融为辅"的战略。度小满金融技术部负责人表示,"度小满金融致力于成为一家真正意义的金融科技公司,未来我们的业务将以重点向金融机构提供服务为主,而我们自己的金融业务将成为科技的孵化器、实验基地。"因此,度小满金融的商业化道路就是发挥百度的 AI 优势和技术实力,将自己能够更好服务 C 端客户的技术输送给 B 端机构。

已经经过自身金融业务实践而重点输出主要有两个体系，一是辅助获客的"云帆"平台，二是强化风控的"磐石"系统。

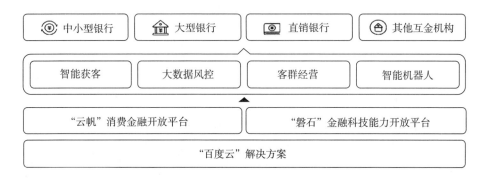

资料来源：度小满金融。

图7 度小满金融科技产品解决方案

（一）两大技术输出端口

1. 智能获客平台——"云帆"

"云帆"消费金融开放平台的发展史其实也是度小满金融科技能力成长史。在度小满金融还未更名之前，大概是2017年初，当时的百度金融就有了这样的想法——"我有客户流量，有风控、有技术，金融机构有资金、有需求，那么双方就可以有合作空间。"有了想法的度小满开始组建团队，当时包含"磐石"团队在内的大约有200多人，然后开始研发。到2017年百度世界大会上，"云帆"消费金融开放平台1.0诞生并公开亮相。

诞生之初，"云帆"是以销售平台为定位，围绕智能消费金融"智能获客、大数据风控、客户经营、贷后管理"四大链条构建，服务近30家金融机构，生成数百亿元资产。然而在合作中，部分问题也随之显现。"风险合规下，如何给出对新客户最有吸引力的额度和价格？"

"不打价格战，老客户留存率如何提升 100%？""业务管理中，资金冗余、头寸不足两难？如何一站式扫描、诊断资产质量？""客户想下个月接入，排期已经到 2019 年。"针对此类问题，"云帆"消费金融开放平台开始进一步迭代升级。

经过大半年的奋战，2018 年 7 月，"云帆"开放平台迭代到 2.0 模式。相对于 1.0，云帆 2.0 在智能获客和大数据风控方面进行了升级：在智能获客上，新加入了 Lookalike 聚类分析，可以精准识别某类特定群体，提供个性化的定制信贷产品，"响应模型" + "授信预估模型" + "Lookalike" + "用户画像"四位一体的智能获客技术将获客转化率提升 20 倍；在大数据风控上，基于精细化客户分层，根据机构风险与收益偏好为其提供不同客群的资产组合。

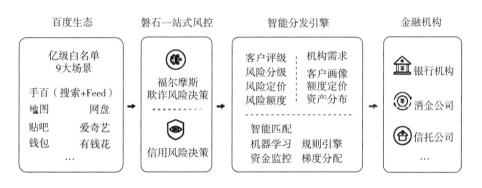

资料来源：度小满金融。

图 8 "云帆"消费金融平台 2.0 +

此外，在客户经营上，通过智能语音机器人等多元化经营工具与 Bscore 模型、流失率模型等经营模型，提高用户留存率 180%；在机构服务上，为机构提供了联合建模等更多经营管理工具，相比同类平台，同样筛选标准下，云帆 2.0 通过率高 10 倍以上。

"云帆平台已经接入超 50 家合作机构，并正在为这些合作伙伴创造显著的商业价值。"度小满金融信贷业务部总经理龙雨在 2018 年百度世界大会度小满智能金融论坛上举例，某直销银行接入云帆平台半年后，盈利空间逐步增大。合作一年后，累计放款 700 亿元，授信人数超 200 万人，预计年化收入 37 亿元。某消金公司合作半年，累计放款近 40 亿元，不良率不到 0.1%。

2. 反欺诈防护盾——"磐石"

度小满金融的大数据风控早就融入信贷体系之中。2017 年的教育信贷业务最终依靠"大数据 + AI"技术助力金融业务发展取得成功。在此背景下，度小满金融衍生出对外服务的想法。于是，2017 年 4 月，原有的百度金融信贷风控技术小组扩容成为 30 多人的技术团队，将使用已经达到不错程度的风控系统进一步完善，经过一个多月的奋战，2017 年 6 月"磐石 1.0"诞生。

"之所以叫磐石，是因为该系统主要用于解决这种偏反欺诈或者信用类问题，因此，一是希望它能坚如磐石，二是希望它稳如磐石。'磐石'这个名字，比较符合我们服务想要的最终的目标。"度小满金融科技平台部负责人这样说。

"磐石"系统是以人工智能、大数据、云计算为基础搭建的金融科技产品。基于度小满金融海量数据源，千万级极黑、灰黑风险名单的动态更新，运用大规模机器学习、数据建模、图计算管理/关联快照/关联分析算法等前沿技术，对海量数据进行挖掘、处理和分析，以强大的技术能力分析潜在风险，为银行、互联网金融机构等合作伙伴提供反欺诈、信用评估、风险监测、身份识别以及核心风控工具等系列产品和一体化解决方式。

在应用过程中，"磐石"能够覆盖信贷业务全流程，包括贷前审批、贷中复查、贷后监控各个环节。通过反欺诈产品（风险名单、多

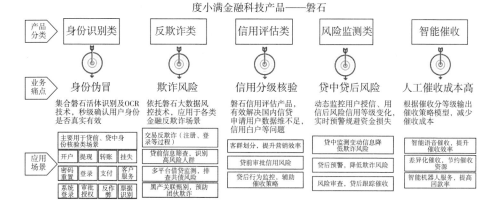

资料来源：度小满金融。

图9　"磐石"反欺诈产品体系

头防控分、关联黑产分）、信用产品（信用分/联合建模）、监测产品（信用变化）、核心风控工具（福尔摩斯系统工具、自动建模平台）构成风控产品矩阵，帮助机构多维度控制风险，在业务环节避免资产损失。

表2　　　　　　　　　　　"磐石"产品能力说明

金融科技		产品模块	产品说明
产品能力·磐石	身份识别	活体识别	磐石活体识别，集成百度 PaddlePaddle 深度学习平台、图像检索以及通用图像技术能力而提供的人脸识别技术服务。同时，具备设备风控能力，让活体识别应用环境更加安全。
		OCR 文字识别	基于业界领先的深度学习技术为客户提供多场景、多语种、高精度的整体文字检测识别、身份证识别及银行卡识别服务，帮助金融机构提升业务处理效率。
	反欺诈	风险名单	依托大数据及人工智能技术，为获得用户有效授权的机构提供高风险用户识别服务，为金融机构提供参考依据，降低业务风险。
		多头防控分	利用人工智能技术以及算法模型评估，向获得用户有效授权的机构输出用户多头风险量化情况，多维度细分多头借贷，更精准地控制存在的欺诈风险。

金融科技		产品模块		产品说明
产品能力·磐石	反欺诈	关联网络	关联黑产分	依托领先行业的产品架构及图形化黑产关联建设技术向获得用户有效授权的机构输出关联黑产分，帮助其有效识别团伙欺诈、风险中介。
			福尔摩斯	依托图关联技术，构建了业界领先的图关联系统网络，可以帮助金融机构有效识别隐藏在网络中的黑产信息，在团伙欺诈、黑中介识别、复杂风控规则实现等方面协助机构快速提高产品风控和运营能力。
	信用评估	用户授权认证		向获得用户有效授权的机构提供认证服务，便于机构进行信用风险查询，可用于增信提额等环节。
		信用分/联合建模		为客户提供用户信用评分，具备覆盖率高、模型区分度强等特点，可有效应用于客群划分、审批信用风险、资产违约预测等场景。
	风险监测	信用恶化监控		通过对机构已授信及已用信用户的欺诈风险、信用等级变化进行监控并推送风险预警信息，帮助机构实时掌握用户风险波动，规避资金损失。
	智能催收	催收分		通过大数据及人工智能技术，为客户提供催收评分，具备制定催收策略、多元化催收手段等特点，可有效节约机构催收成本，提高回款率。
		智能催收平台		通过大数据及建模技术，对催收用户进行智能分案，同时提供智能机器人服务，节约机构催收资源，提高回款率。

资料来源：度小满金融。

（二）对外输出模式

1. 了解客户，辅助获客

了解是合作的基础。市场上有技术服务需求的客户成千上万，做技术输出服务的企业也成百上千，许多机构都称自己是"金融科技服务提供者"，但真正能达到以自身技术为金融机构提供高效服务的却占比不大。其原因是，很多所谓的科技企业不能深入地了解客户，无法做到精准化服务。基于此，度小满金融在对外服务的过程中，首先做的一点就是深入分析客户需求特点，了解客户。

度小满金融根据金融机构风险偏好差异对合作机构进行了分层。度小满金融"云帆"平台负责人对此提供了例证，她说：超级大行其实对于收益要求不高，但是对于合规和风险底线的要求则非常高。比如大型国有银行可能定价非常低，但是希望度小满为其推送的客户风险特别低，或者能够符合其流程的闭环，比如它们的持卡用户，或者是能够走银行放款通道流程的用户，等等。部分股份制银行或者是城商行，它们是既兼顾收益又兼顾风险，与它们合作，相对来说会比较平衡。而信托公司，更多的是在满足风险底线的情况下，实现赚钱这一首要目标。

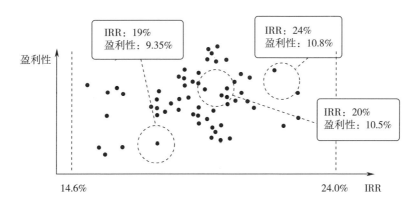

资料来源：度小满金融。

图 10　度小满金融精细化客户分层

在对外合作方面，度小满金融采用既平衡 C 端又平衡 B 端的模式。度小满金融通过信用评级对 C 端贷款人进行分层，再结合对合作机构的分层，把两边的商业诉求进行分析和分层，最终再进行匹配。

2. 输出技术的三大模式

度小满金融对外技术输出模式主要有三种，分别为战略合作模式、

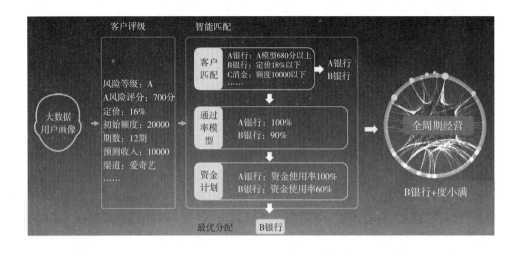

资料来源：度小满金融。

图11 度小满金融辅助金融机构"智能获客"模式

深度合作模式及纯数据输出模式。

第一种是战略合作模式。这是度小满金融的主要商业化模式之一。以农业银行为例，2017 年，金融科技在金融领域的应用迎来爆发浪潮。经历了一年多自营业务的打磨，风控能力、技术能力都已相对成熟的度小满金融已经获得一些金融机构的信任。恰在此时，农业银行也注意到金融科技带来的巨大影响，数次与度小满金融高层会谈后，二者一拍即合决定做创新模式的金融业务。

于是，2017 年，度小满金融与农业银行达成战略合作，成立金融科技联合创新实验室，围绕金融科技领域开展战略合作，包括共建金融大脑以及客户画像、精准营销、客户信用评价、风险监控等方向的具体应用，并围绕金融产品和渠道用户等领域展开全面合作，通过 AI FinTech 的联合创新，践行普惠金融。

决定合作后，度小满金融技术团队与农业银行技术团队、业务团队开始全力合作，度小满金融技术团队甚至多次驻场农业银行提供服务。经过一年的研发测试，2018 年 6 月 7 日，农业银行智能掌银上线，用户可以通过语音交互在手机上操作，通过刷脸确认身份进行转账操作。

与农业银行战略合作的成功，为度小满金融的技术输出道路打赢了一场开局之战，随后与百信银行的合作更是将技术输出推向新的阶段。2017 年，度小满金融和百度云共同为百信银行提供技术支持，并在智能银行、智能客服等领域为客户提供服务，助力百信银行成为一家真正的智能银行。百信银行不负众望，拿出骄人成绩，随后的一年，已经为 200 多家用户累计投放 400 多亿元消费信贷，其中服务的个体工商户和小微企业主超过 11 万户，投放贷款超过 40 亿元。

此后，度小满先后与南京银行、天津银行、温州银行开展合作，为其提供全方位的金融科技服务。至此，度小满金融已经成为金融科技领域的领军者。

第二种是深度合作模式。该模式主要是对合作机构输出解决方案的一些产品能力，如智能语音、联合建模等，这些均以解决方案的形式对外输出。度小满建模平台含 5000＋维特征挖掘变量，与外部建模样本匹配比例达 90％ 以上。有效支撑金融机构个性化业务的发展，拓展金融科技服务的业态广度。

截至目前，像这种深度合作模式的合作机构已经有 50 多家。

第三种是纯数据输出模式。该种模式下度小满金融主要对合作机构输出数据产品，如风险名单、信用分、多头防控分、关联黑产分、催收分等这些融合了百度技术和数据优势创新的产品，以此为合作机构提供服务，这类产品对于合作机构自身风险防控具有明显增益。到 2018 年 11 月，该模式下度小满金融的合作伙伴已超过 500 家，日均查询量超过 600 万。

通过以上三种模式,度小满金融以人工智能和大数据风控技术为基础的"磐石反欺诈工程平台"在实时监测、判别欺诈行为、无缝对接金融风控上,正与金融机构合作伙伴们一道,建筑起立体的反欺诈防护盾。

(三)商业合作成果

分拆半年后,度小满金融带着一份数据亮眼的成绩单出现在公众视野中。目前,度小满金融已经积累了 3.3 亿以上可授信用户,累计放款超过 3100 亿元,不良率低于业界平均值。同时,度小满已与近 70 家银行和消费金融公司合作。

五、走向何方

2015 年,我国就将人工智能纳入了国家战略发展规划,发展智能金融也是推动金融业供给侧结构性改革的核心抓手,是实现金融业高质量发展的必经之路。如今,"人工智能 + 金融"已经进入了规模化应用时代,开放生态、合作共赢成为行业发展的总体趋势。

随着人工智能技术在金融领域的深入应用,传统金融机构及金融科技机构对行业的理解更加深刻,双方不再是简单地排斥和颠覆,相反存在着很大的合作共赢空间。科技企业从为金融机构提供技术服务,升级为利用现代信息技术对传统金融业务进行流程改造、模式创新、服务升级等,从而不断升级金融机构与科技企业的合作,实现更高层次的互惠共赢。

如今,从四大行到股份制银行,再到其他中小银行,均将金融科技作为转型升级的利器。还有一大批非持牌的互联网金融平台，随着监管的不断加强以及市场竞争压力增大，也开始实施科技转型。度小满金融作为 BAT 金融科技独角兽企业之一，持续在金融科技领域布局，并致力于为各类金融机构提供更智能的技术服务。

度小满金融 CEO 朱光表示："度小满金融和百度生态在未来将会形成强大的协同。用户在搜索场景产生巨大的消费信贷和理财投资需求，度小满协同金融机构提供满足用户需求的金融服务，这对百度搜索生态形成反哺，让百度搜索服务更加强大。百度云通过在智能科技上的积累，能够与度小满金融一起服务金融机构，将产生更大的能量。"

然而前进的路上却不都是笔直大道，各种挑战依然存在。随着人工智能在金融领域的应用，来自监管机构的监管要求也在不断提升；此外，随着科技的不断发展，来自同业的竞争也会越来越激烈，如何长久保证自身技术的差异化优势也是度小满金融面临的长久挑战。

"最好人生是小满，花未全开月未圆"，度小满金融在金融领域的成长，也饱含着"小满"状态的谦逊和对风险的敬畏，致力于输出金融科技。尽管前路仍有诸多难题，市场竞争将会愈加激烈，但度小满金融仍在努力前行，奋力实现可持续发展。"正在路上"的度小满金融还需要更好的成绩，来验证自己选择的 AI 之路。

金融壹账通：

授人以鱼也授人以渔

2018 年 12 月，继资管新规、理财新规之后，银行理财子公司管理办法也正式出台。这让浙江某市一家城商行行长有些焦虑，他知道最好的选择是成立自己的理财子公司，尽快上线有优势的净值型理财产品，这样才有利于突破区域局限、增强市场竞争力。

然而，人才短缺，风控能力不够成熟，无法负担自建投研系统投入，哪个又不是自家银行的软肋呢？他开始考虑，是不是可以再从此前帮助建设直销银行的金融壹账通那里得到一些帮助。

金融壹账通是平安集团旗下的金融科技公司，这是一个输出平安金融科技能力的窗口。其构想是通过金融科技的力量，既帮助中小银行实现"三提两降"（即提升收入、提升服务、提升效率以及降低成本和风险），又逐渐把它们聚集在一起，打造一个中小银行的金融生态圈。

让这位行长喜出望外的是，金融壹账通 2018 年 11 月底发布的壹资管平台着力于为中小银行提供净值型理财产品运营服务，可以为产品发行方提供从设计到运营的全流程服务。他决定要尽快和金融壹账通联系合作事宜了。

一、金融壹账通的发展历程： 从幕后走到台前

三十而立的中国平安集团，已经成为一家金融巨擘。十载厚积，一朝薄发，平安下一个跨越的台阶亦在所有人意料之内——科技和生态。

在此之前，平安已走过"金融＋科技"双驱动发展的十年，在这十年中，通过科技手段搭建的金融生态、医疗生态、住房生态、汽车生态和智慧城市生态五大生态圈业已成形，而金融壹账通正是在此过程中被孵化出来的。

（一）进击的平安：从内生发展走向开放赋能

第一个十年专心做保险，第二个十年布局综合金融，平安集团的进化路径是如此顺理成章，再加上 CEO 马明哲的公众影响力，以至于当其从宏大的金融版图渗入科技领域时，一切都显得那么悄无声息。

而一切又是如此闪亮登场，2019 年新年钟声敲响之前，在元旦致辞中马明哲特意提到了平安一个不小的变动。"我们更新了集团的品牌标识，将'金融＋科技'更加清晰地定义为平安的核心主业"，马明哲说。据悉，中国平安正式更改使用了多年的 LOGO，将原有的"保险、银行、投资"，改为"金融、科技"。

从字面上来理解，保险、银行、投资，涵盖了平安此前的各项核心业务，而金融和科技却是两个更为宽泛和代表未来的业务范围。

中国平安 PING AN 保险·银行·投资

旧版

中国平安 PING AN 金融·科技

新版

资料来源：平安集团。

图1 平安新旧 LOGO 对比

马明哲说："平安做事情跟互联网公司有些区别，我们看到了方向在哪里，然后挖地道过去。互联网的公司开始不管东西南北，撞墙撞出来。"

易经有云，君子豹变，讲究潜移默化，顺势而为。平安优势也正在此，变化一直在进行，但循序渐进。

在转型过程中，平安在科技研发方面投入的资金超过 500 亿元。过去 10 年间，平安在生物识别、大数据、云计算、云能力、区块链五大方向上均掌握了自己的看家本领，截至 2018 年 9 月 30 日，平安整体科技专利申请数累计达 8534 项①。按照每年投入营收比例的 1% 来预计，未来 10 年平安将至少投入 1000 亿元。

不过，技术只是技术，如果不能植入产品与服务，成为商业模式，价值就难以体现。

2016 年元旦，马明哲在内部新年致辞中，宣布平安进入 3.0 时代，关键词是"开放"。从保险公司发展成为综合金融集团的 1.0 时代，到将地面综合金融服务与互联网金融平台深度耦合的 2.0 时代，再到

① 中国平安微信公众号文章《金融科技专利排行榜发布，平安位居全球第一》。

"不再局限于内部的综合金融，而是将'互联网＋金融'的发展模式向全行业开放"的 3.0 时代。平安把"科技"、"金融"作为两大驱动器，以"互联网＋金融"的模式向全行业开放。而其中最大的转变是，从内生式发展向外延赋能的服务平台转变。

此时正值金融科技在中国快速发展，说到金融科技（FinTech），这一定是近年来金融业最热的词汇之一了。具体而言，是指金融和技术的有机融合，运用包括区块链、人工智能、物联网、云计算等在内的新兴技术为金融行业服务，提供创新性金融解决方案。其实，金融从来离不开科技，尤其是每个时代的前沿科技。如今金融科技受到前所未有的关注，本质上却是由于互联网的介入：2013 年余额宝的诞生让国内金融业第一次强烈感受到互联网的冲击，几年以来，金融行业雄狮苏醒，互联网行业则渐知边界。

随着金融科技对我国金融改造的深入，传统金融体系正从封闭走向开放，以平安为代表的部分传统金融机构和互联网企业一起站在了金融科技竞技场上，以输出科技能力作为新的转型方向。

然而，自己家没有试验出，谁会相信你可以亩产过万？只有耕种过金融试验田，才能更好摸到转型的痛点，才能找到科技助力金融的落脚点。因此，与蚂蚁金服、腾讯、京东等互联网企业相比，平安最大的优势和价值可能就在于自己有着多年金融业务的积累。

从内生发展的传统综合金融巨头转向开放赋能的科技型综合金融公司，作为平安集团旗下唯一对外提供金融科技服务的公司，金融壹账通显然是平安实现转型最重要的一张牌。

2017 年，平安年度财报公布了转型后最新的集团架构，首次披露了陆金所控股、金融壹账通、平安好医生、平安医保科技四大"独角兽"，并升级定位为"国际领先的科技型个人金融生活服务集团"，形成大金融资产（保险、银行、资产管理）与大医疗健康两大业务板块。借力"金融＋生态"战略理念，形成五大生态圈：金融服务、医疗健康、汽车服务、房产服务和智慧城市。

而金融服务生态圈正是平安开放战略的先头部队，平安设立了陆金所、平安好医生、金融壹账通、壹钱包等公司。其中 C 端生态建设与产品服务以陆金所控股为典型平台，从一个封闭的个人线上金融资产交易平台，升级为面向全社会、全行业，以及所有个人和机构客户的开放式金融资产交易平台；B 端服务的承接则由金融壹账通来完成布局。

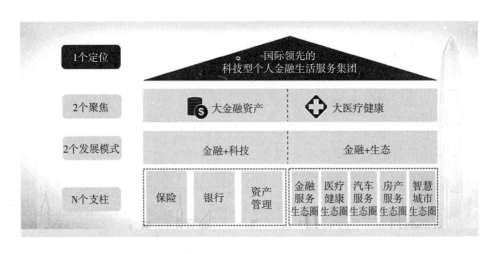

资料来源：金融壹账通。

图 2 平安集团最新集团架构

（二）金融壹账通的前世今生

金融壹账通是平安集团旗下唯一对行业提供金融科技服务的公司，也是"金融＋科技"双驱动战略转型的重要载体。平安正是打算通过金融壹账通输出自己的科技能力，既帮助中小金融机构实现转型发展，又逐渐把它们聚集在一起，打造一个金融生态圈，让大家能够互利互惠。

回顾金融壹账通的发展历程，将近十年的时间，其经历了从概念探索到集团孵化，最后横空出世的过程①。

1. 2006—2011 年：探索

"一账通"（在平安内部被称为小壹账通）是针对平安集团个人用户综合金融的入口与载体，早在 2006 年，平安就已着手开发"一账通"项目。历时两年研发，一年内部测试，超过 150 万平安用户亲身体验，2008 年第四季度，平安首创"一账通"成功上线，2009 年 8 月，一账通网页版正式上线，成为亚洲首个网上账户管理工具。

随着国内资本市场的发展，可供投资者选择的理财工具也越来越多，客户经常需要处理很多账户，重复输入账号和密码，浪费时间还很麻烦。而一账通就是为了解决这些症结而诞生的。平安在借鉴国外先进经验的基础上，研发了平安一账通，为客户提供一种创新的网上账户管理工具，以期帮助国内广大消费者更好地解决账户管理的问题，提高理财效率。

此时，中国平安的综合金融战略是实现"一个客户，一个账户，多个产品，一站式服务"。作为一家大型金融控股集团，平安一账通集中体现了平安集团强大的资源整合的能力，为客户提供了网上账户管理工具，解决客户管理各类账户的麻烦。通过平安一账通，用户可以整合其添加的网上金融产品账户，只用一个账户、一套密码，一次登录的简单操作，一目了然地看到个人名下账户的余额，还能轻松处理

---

① 金融壹账通发展历程整理自历年媒体稿件及金融壹账通供稿。

银行转账、贷款申请、信用卡还款、炒股、炒基金以及保单、年金、信托产品管理等各类金融业务，相当便捷灵活。平安一账通账户还可整合社保、通信、电子邮箱、航空里程、第三方支付等常用网上账户，直接登录账户即可了解最新优惠、办理各种业务，生活管理更加轻松。

2. 2011—2015 年：集团孵化

2011 年 7 月，开发了一账通的深圳平安财富通咨询有限公司更名为深圳平安金融科技咨询有限公司。平安金融科技承载着平安集团"科技引领金融，金融服务生活"的战略发展愿景，肩负着三项重要战略使命：推动集团一账通门户战略的设计与执行；管理平安集团统一的客户忠诚度奖励计划——万里通，并致力于将万里通打造成为国内领先的通用积分服务平台；作为互联网业务发展的先行者，承担平安集团相关创新业务的研究与孵化工作。

平安金融科技是平安集团的创新孵化器，其把传统金融和互联网金融、大数据结合之后，孵化出了很多互联网新公司。陆金所、平安好医生、壹钱包、万里通、平安好房等子公司都是平安金科孵化而来的。而金融壹账通是平安金科孵化的最后一家公司。

3. 2015 年至今：横空出世

此时，平安集团已手握 16 张金融牌照，每张金融牌照都相应地积累了多年的业务运营经验和能力。而且，平安集团在金融科技的基础设施上累计投资上千亿元，科技在业内取得领先地位，如果只是留作自用不免有些浪费，向中小金融机构输出赋能，可以对业界作出贡献。正值金融科技也给传统金融带来巨大冲击，尽自己所能解决行业内中小机构的需求与焦虑，这也是平安 3.0 变革的初衷。

由此，金融壹账通应运而生。2015 年 12 月，平安集团旗下的一账通、前海征信、直销银行云平台服务三大业务整合，金融壹账通诞生，专注于为中小金融机构科技赋能。为了支持壹账通的发展，平安集团也把 55 项核心金融科技放在了金融壹账通。

费轶明是在 2017 年下半年接到平安集团邀请出任金融壹账通首席战略官的。他和平安的缘分源于十年前（2007 年），此时他任职于为平安提供顾问服务的麦肯锡，这是一家世界顶级的管理咨询顾问公司。在麦肯锡，他和同事最重要的任务就是"授人以渔"，通过深入沟通和了解去帮助咨询对象建立一套永续经营和自我创新的管理模式。

当时费轶明和平安的合作成果就是构建了平安一账通的业务方案。没有彼时打通平安账户的一账通，又何来今天打通平安金融生态圈的壹账通？他用"种瓜得瓜，种豆得豆"来形容自己和金融壹账通的缘分。

而平安选择费轶明，看中的正是他的管理咨询经历——金融壹账通的服务理念与管理咨询的精髓"授人以渔"理念是相通的。费轶明在上任后了解到，金融壹账通的起步是为中小银行提供直销银行端到端的搭建，在此过程中通过与银行的不断深入接触，又发现中小机构从系统改造、产品开发到营销手段的缺乏。

现在，金融壹账通对人工智能、生物识别、区块链、云计算等核心科技能力进行整合，拥有智能银行云、智能保险云、智能投资云和开放平台四大产品系列，分布在营销获客、产品开发、风险管理、运营服务等各领域，实现了对金融行业和前中后台职能的全面覆盖。

（三）在竞合中走向赋能

金融科技最好的时代已经来了。

谁能拥有最前沿的金融科技研发应用能力，集合最多的合作伙伴，调动最多的金融资源，构建最合适的互惠共赢模式，搭建最具客户体验满意度与业务流程效率的金融产业生态圈，谁就拥有这个时代最完备的竞争力。

这两年我们看到，传统银行和金融科技巨头牵手，也看到多家银行发力金融科技，成立自己的金融科技子公司。行业渐渐从原先的零和博弈走向了非零和的共赢互惠博弈。

当前中国金融科技公司主要有三种模式：

一是高科技互联网企业开设或者投资的金融公司。如蚂蚁金服从阿里巴巴的支付宝业务开始，逐步扩张版图，业务范围涵盖银行、保险、证券等，腾讯、百度等也开设金融板块并拿到相关牌照。

二是传统金融机构布局金融科技，进行技术、营销和产品的深度科技化探索。如招商银行、平安集团。

三是具有较强科技背景和专业金融知识的新型金融科技企业，它们往往不是由传统金融部门演进而来。如点融网、WeLab 等。

不同于国外金融科技企业专注于单个或部分垂直化的领域建设，彼此间少有业务交集，中国的金融科技企业善于通过打造开放的生态圈，深入各种应用场景。比如蚂蚁金服生态圈、腾讯生态圈、平安生态圈等，且都提供了横跨支付、财富管理、P2P、银行、保险等各领域的综合金融服务，聚集了大量的客户流量，且业务还延伸至其他领域，拓展更加广阔的市场。

受制于金融监管强化，互联网公司只能丢车保帅，它们选择给传统金融机构提供科技或者导流服务，成为供应商。蚂蚁金服、腾讯等公司纷纷入局，与金融机构展开合作，导入自身平台流量并替金融机构完成获客、产品运营与风控等环节，同时打造开放式平台延伸服务。

与互联网企业不同的是，金融壹账通则采取了"金融叠加技术、从线下到线上"的战略。现在不少中小银行的业务在线下，壹账通的切入点正是基于中小金融机构现有场景和痛点，提供相应解决方案。丰富的金融应用场景也为金融科技提供了用武之地，服务对象囊括中小银行、中小企业以及个人。

关于金融壹账通与其他金融科技公司的比较优势，董事长兼 CEO 叶望春曾表示，壹账通的差异化竞争优势在于金融科技与金融业务的融合基因。与互联网金融科技公司相比，"它们的科技力量是有的，但是对金融的理解有限。做金融科技最难的是金融科技和金融业务的融合，平安集团是全牌照公司，在这方面有优势。"而相比传统银行的科技子公司，他认为，传统银行在金融科技里大多力量单薄，其核心系统，包括一些资产负债管理系统，要么是引进自国外，要么是交给外包公司做，银行科技人员大多是在做维护、做需求。但平安集团不一样，平安集团这么多年来都是自己做机器，自己做系统。"从这一点来讲，我觉得传统的银行，它们想做金融科技，跟我们比是有一些差距的。"因此叶望春认为，目前还没有一个与金融壹账通对标的公司。

费轶明则意识到，既然金融壹账通和互联网企业"赋能"金融都起步于两到三年前，那么未来谁能跑得更快就取决于谁能更好地解决金融机构的实际问题。得益于平安三十年来积累的金融从业经验及深厚的技术储备，壹账通足以把技术应用到场景中，针对客户开发个性化的解决方案。他举例道，"将图片识别技术应用到车险定损上，准确度能做到多少，是要建立在金融业务经验的积累之上的。"在金融科技领域，平安的专利数量领先于竞争对手，更重要的是，平安可以将在金融业务上的实践更好地与新技术落地结合。因此，费轶明认为这正是壹账通相比于蚂蚁金服等互联网系金融科技公司的最大优势。

例如，壹账通提供的个贷风险管理解决方案，背后的支持模型来源于平安集团各个业务条线多年积累的风险管理经验与客户画像分析，与中小金融机构自己能够产生的数据完全不是一个量级。

而对金融机构来说，与壹账通这样脱胎于自己竞争对手的金融科技公司合作，最大的担忧就是金融数据的安全和隐私保护。据营销中心东区市场负责人罗凌回忆，壹账通诞生之初，刚刚对外输出的时候，80%的工作都在说服银行不必为自身客户数据的安全担心。一方面，平安受银保监会和证监会监管，数据安全都有保证；另一方面，在和银行核心系统对接时，最核心的交易数据、客户数据，壹账通是不会碰的。

二、三大黑科技打造科技赋能金融桥头堡

金融科技，除了对金融的理解和积累，科技能力的重要性不言而喻。"左手科技，右手金融"的平安集团拥有中国金融机构最大规模的大数据平台和最多的科技专利申请量，大数据科学家超过500人，科技研发人员超过2万名，年研发投入逾70亿元，多项成果取得全球领先地位。数据中心建设、云的设计架构、区块链的底层运用、人脸识别、声纹技术等通用型技术都是集中在集团层面来做，而各专业公司则围绕自己的客户进行具体的应用场景设计。

目前在平安集团，人脸识别技术、声纹识别技术、预测 AI 技术、决策 AI 技术以及区块链技术等已经实现了在上百个场景中的应用，在集团内部如陆金所、平安普惠、平安好医生等均得到了广泛应用，并通过金融壹账通的开放平台对外输出。金融壹账通则拥有领先行业水平的人工智能、区块链和云计算三大核心技术。

（一）人工智能/生物识别

低调的平安，已经超越了国内科技巨头，在人脸识别技术方面走

到了行业领先。平安旗下平安科技的人脸识别技术以 99.84% 的识别精度和最低的波动幅度领先国内外知名公司，位居世界第一。在中国平安首席科学家兼技术研究院院长肖京看来，人工智能要成功，大数据、高效的计算平台、先进的算法、全面的场景四个要素缺一不可。"而这四个方面，平安都具有绝对的、独特的优势。"肖京说。现在，深圳机场、考试、房地产签合同、老年人领养老金等很多刷脸的场景中，都应用了平安的人脸识别技术，而且正输出到国际上去。

在集团如此强大的科技力量支撑下，金融壹账通拥有庞大的人工智能技术研发团队，先后获得三次世界第一的好成绩，在人脸识别、声纹识别、微表情识别、语义识别等方面均达到世界先进水平。同时，这些领先科技还可应用于开户、申请、智能定损、智能调度、智能客服等场景。图像识别、声纹识别等技术应用在远程开户流程中进行实人认证，可有效帮助银行节省实体网点的人力。

以图像识别为基础发展出来的微表情识别，通过微表情进行智能测谎，已广泛应用于各类金融机构的贷款流程中，能够支持 50 多种复杂表情，能够在 1 秒钟之内进行识别，有效降低欺诈风险。微表情国际权威评测 OMG 微表情竞赛（One Minute Gradual Emotion Challenge）公布的评测排行榜显示，金融壹账通 GammaLab 的微表情识别技术在情绪强烈程度（Arousal）和正负倾向（Valence）两方面均以最高分的成绩位列榜首，获得世界第一的排名。借助该技术，Gamma 智能微表情面审辅助系统可通过远程视频实时抓取客户微小的表情变化，智能识别贷款欺诈风险，全面提升金融机构的风控水平。目前，该系统已实现十万量级 54 种微情绪视频资料库的覆盖，以 30 万真实贷款面审案例为基础，确保欺诈识别准确率达到 80% 以上。但在实际应用中，微表情识别并非决定是否放贷的唯一条件，如果微表情识别发现一些不正常的情况，客户将会被标记，需接受额外调查。

（二）区块链

作为中国率先加入国际金融区块链联盟 R3 的企业，平安集团一直致力于区块链的技术研究和应用场景挖掘。在区块链专利申请数量上，平安领跑国内科技公司，而这些专利大多掌握在金融壹账通手中。

围绕区块链技术的金融业务应用，金融壹账通内部也做了大量取舍。经过详尽的市场调研与技术研究，金融壹账通发现，联盟链底层技术，更能符合金融机构快速确认资产交易信息、大幅提升交易效率、防止信息泄露等实际业务需求。这也驱使金融壹账通引进原 IBM 超级账本 Fabric 联合创始人兼首位产品经理陆一帆，加快区块链金融应用的布局。

陆一帆曾在接受采访时表示，金融壹账通自主研发的区块链底层壹账链 FiMAX，采用了独创的全加密区块链框架，形成了众多自主知识产权，性能方面 FiMAX 也进行了大量创新，令其关键性能指标相比同类型友商，如 IBM 超级账本 Fabric 1.0 有了明显提高，比如单链最高并发量，在同样配置，同样环境时相比较 Fabric 1.0 效率提高至少2 倍。

区块链技术也成为金融壹账通解决金融行业实际问题的有力抓手。2018 年 8 月，金融壹账通在国内外众多竞争对手中脱颖而出，成为香港区块链贸易融资平台技术合作商，为该网络的生产部署提供支持。该网络让生态圈内的银行及其企业客户均可通过区块链提交并记录采购订单、发票和融资申请，而 FiMAX 独有的应用级零知识证明方案，能够解决客户数据隐私与共享间的矛盾，打破数据孤岛，从而大幅减低欺诈交易和身份盗用的风险，长远更有助于增加融资成功率与降低融资成本。此外，数字化改善当前纸张密集型的融资流程，将有利于企业，尤其是中小型企业的长足发展。

通过区块链，还可以解决企业和银行之间的信任问题，金融壹账通区块链中小企业服务已经接入了超过 4 万个节点。据首席技术官兼首席运营官黄宇翔介绍，壹账通的区块链技术能保证安全与隐私、性能优越、一键部署，还涵盖了丰富的场景。

（三）云计算

平台化的趋势下，云端市场的崛起是一种必然。事实证明，在平安集团着力打造的五大生态圈中，平安云居功至伟。云是一个高度弹性的"容器"，能够聚集平安自身优势的人工智能、大数据、区块链等技术，成为新技术的"水、电、网"，为客户带来海量的计算、存储、互联。在"金融 + 生态"的发展战略下，平安要构建五大生态圈及平台，对外输出创新科技与服务，必然重视云的打造。

与阿里云、腾讯云、华为云等一众云公司相比，平安云起步稍晚。资料显示，平安云的构建始于 2013 年，由平安科技总架构师方国伟带队，先期主要服务于集团业务，2017 年之后，才开始尝试金融之外的跨界服务。平安云与业界其他云平台有所不同，独特之处在于要符合银保监会的监管要求，必须具备符合金融行业安全级别的高可靠性。

而平安云在金融生态圈的应用，主要体现在赋能金融壹账通。金融壹账通是在 SaaS 层"生长"来服务各类金融机构，形成银行云、投资云、保险云。平安金融壹账通依托平安金融云，把多年积累的技术整合成方案，输出给中小金融机构。"我们目前所有外部客户的云都在平安云上面。金融壹账通的宗旨是通过平安云将中小企业连接在一起，打造一个共享生态圈。"黄宇翔强调。这么看来，金融壹账通正是通过云平台来打造平安的共生金融生态圈。

由此可以看到，正是拥有了强大、全面的技术能力，金融壹账通才能够做到金融科技能力、方案整体的输出。短短三年，金融壹账通就已实现 5 家国有大型银行、12 家股份制银行和数千家大中小银行，以及保险、投资和其他金融机构的全覆盖，向行业推出了包含智能营销平台、智能闪赔、智能 ABS 平台、智能资管平台等在内的 10 大解决方案，47 个产品系列，累计搭建 277 个业务系统，实现了金融科技产品全场景应用及全系统支持。

资料来源：金融壹账通。

图 3　金融壹账通主要合作成果（截至 2018 年第三季度）

三、让 "老树开出新花"

在中小金融机构普遍面临缺技术、缺人才、缺经验、缺资金的发展瓶颈背景下，金融壹账通用技术手段来加速传统金融机构数字化转型的步伐，努力让"老树开出新花"。

"我们走在正确的路上，我们的路越走越宽，我们的步伐越走越快"，2018 年 12 月，在金融壹账通三周年庆典现场，叶望春首次发布了面向未来的公司愿景——"打造全球领先的金融全产业链科技服务平台"，并将这些年来的模式探索总结为"八全"：全行业、全覆盖、全客群、全场景、全流程、全产品、全系统、全技术，为客户提供端到端的一站式整体解决方案。

而此时的金融壹账通已经建立起了针对 C 端、B 端、F 端、G 端①用户，覆盖银行、保险、投资三大行业。基于人工智能、区块链、云计算三大技术，在前台、中台、后台，提供智能营销、智能运营、智能产品、智能风控四大智能产品体系，为客户提供端到端、一站式整体解决方案。

资料来源：金融壹账通。

图4 金融壹账通业务模式

（一）赋能银行业

随着商业银行粗放式扩张时代渐行渐远，中国银行业面临"三十年未有之变局"，来到了重新"寻路"的历史转折点。对中小银行来说，主要面临三大业务发展瓶颈。

---

① C 端：消费者端，B 端：企业端，F 端：工厂端，G 端：政府端。

一是在零售领域，由于金融产品增值服务上线慢、投入高、种类少、客户信息分析及画像能力有限，导致客户体验不够好；

二是在风控管理环节，多数中小微企业财务数据匮乏，缺乏实时风控决策机制，加之线下人工管理流程效率低，导致中小银行信贷风控流程难以通过大数据获取分析，及时跟踪企业经营数据最新变化作出防范风险措施，导致信贷风险骤增；

三是在服务体验层面，由于系统投入成本高、周期长，自主开发回报率低，导致中小银行技术系统革新速度落后，俨然处于落后地位。

而壹账通的努力方向正是为转型中的银行提供新的工具和方案。

1. 零售银行云平台：中小银行零售转型的强力支撑

马云曾说："如果银行不改变，我们就改变银行。"我们将时钟拨回2016年，彼时资金荒、资产荒、强监管三期叠加，不良压顶，金融创新焦虑出现；资本、利润约束凸显，而MPA考核更是另一个标志性事件。这些都令商业银行传统的规模增长模式难以为继。向轻型化银行转型成为主题，"由重变轻"成为银行战略规划的重中之重。招商银行、中信银行、兴业银行等都明确提出了轻资本、轻资产的"轻银行"战略。

但对前期陷入同质化竞争的中小银行来说，普遍陷入了转型的焦虑与迷茫。由于自身在科技、人才、系统等方面存在短板，轻型化转型之路走得跌跌撞撞。就在此时，金融科技逐渐进入中小银行的视线，通过重塑银行业务形态和服务模式，日益成为银行解决痛点和转型发展的关键要素。

在此过程中，资金和技术起到了决定性作用。

"2012年我在国内某大型股份制银行培训时，他们就在讨论人脸识别、生物技术等前沿科技，并斥资超3亿元打造科技银行，对于大型银行来说，可能这是水到渠成的事情，但对于我们中小银行来说，一下子拿出几亿元来进行技术改造，是不现实的。"自贡银行行长刘建龙如是说。[①]

"而且，中小银行的人才结构比较单一，比如我们做新的核心系统投入了近80人的队伍，在开发过程中，一个模块的建设不仅需要懂技术，还要懂业务，这样才能通过技术将业务需求呈现出来。"刘建龙认为，中小银行难以在短时间内通过自身努力而胜任数字时代的变革，"如果仅仅依靠中小银行自身的技术演进，恐怕还要落后两三年，所以，我们选择与金融壹账通合作，借助外部平台既有的金融科技实力快速赋能，更快完成数字化转型。"

金融壹账通在其中所起的作用是依托平安集团三十年积累的金融经验，充分推动"技术＋业务"相融合，帮助银行全面提升经营能力，实现快速智能的轻型化转型。

在零售银行服务方面，壹账通最主要是帮助中小银行进行智能化、轻量化、平台化转型。全国现在大约有100余家直销银行，与壹账通有合作的有42家，例如上海银行、平顶山银行、赣州银行等。壹账通的第一位客户是位于浙江某市的一家城商行。壹账通帮助这家城商行搭建了零售业务框架，同时基于数字化趋势和线上线下结合的零售业态，开发了手机银行APP。而帮助中小银行建立手机银行仅仅是第一步，后续的产品设计、运营、维护等更是重点。因此，壹账通从平安银行的零售转型经验出发来帮助其获取产品。此外，为了增强银行客户黏性，还在APP上加载了很多非金融服务，比如水电煤支付、医院挂号

---

① 刘建龙发言均来自第二届中国数字银行论坛暨中小银行互联网金融（深圳）联盟年度会议上第一财经专访。

（与平安好医生互联）等。

此后，随着不断发展，为了推动银行服务实现从"千篇一律"到"私人定制"的优化升级，以渠道综合化、业务平台化和客户服务精准化为目标，通过不断融合升级，金融壹账通推出了移动银行和零售智能营销等解决方案。

随着互联网金融的渗透，不少中小银行陆续推出了手机银行、电商平台、投融资平台、直销银行、微信银行等线上服务渠道。然而，许多线上渠道采用独立 APP 的运营模式，在产品种类、推广模式、客户定位等方面高度重合，运营效果和客户体验不佳，据统计，国内三分之二的直销银行月活跃客户不足 1000 人。基于上述问题，壹账通提出了移动银行解决方案，将直销银行、手机银行和信用卡三者进行有机结合，统一入口，减少资源浪费与不必要的内耗，帮助银行构建领先的互联网综合金融生态平台。其背后的逻辑是，让各 APP 的流量形成合力，同时用户数据结构更加完整，促进系统风控和用户画像分析能力的提升。

针对中小银行面临沉睡客户多、新客获取难、渠道单一等痛点，壹账通开发了以人工智能为核心的 Gamma 人工智能营销解决方案，将大数据、生物识别等先进技术与传统业务流程有机融合，打造出 Gamma 识客眼镜、Gamma 客来屏、Gamma 营销助手、Gamma 远望智能报表工具等智能化工具，帮助银行销售人员利用大数据识别客户、让 AI 音箱来介绍产品、用智能客服来答疑解惑。

启用 Gamma 人工智能营销解决方案后，一位商业银行客户经理的一天可能是这样的：

首先他通过 Gamma 客来屏，自动识别路人的相貌衣着，形成用户画像，进行千人千面的互动，并根据互动结果推荐个性化的金融产品，这样路人看到的就是定制式广告。

紧接着，他启用了 Gamma 千里眼，依靠视觉识别技术对银行大堂客户进行统计。在和客户沟通时，客户经理戴上了 Gamma 识客眼镜，只要得到客户授权，就可以通过此眼镜了解客户的相关情况，方便和客户沟通，有针对性地推荐适合的产品。

当客户在几款保险产品中选择比较时，他可以把保险说明书传到 Gamma 销售助手上。Gamma 销售助手是一款精于银行业务的智能音箱，通过智能阅读理解系统学习了网店内所有在售保险产品的具体文书条款，对这些保险产品如数家珍。客户问的所有问题，Gamma 销售助手都能通过智能话术，用更容易让客户理解的方式讲述出来。

Gamma 远望智能报表工具（Telescope）则让不懂技术的客户经理通过自然语言查询即可实时生成想要的数据报表——这是因为壹账通基于 10 万量级的专业领域语料进行了语义扩充，提升语义模型在各个

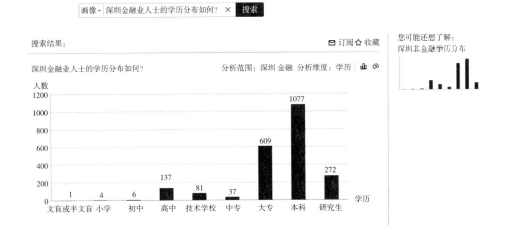

资料来源：金融壹账通。

图 5　智能报表工具应用示例

专业场景上的理解能力，让基于自然语言的数据查询更加流畅，同时还针对金融领域各个场景内的应用特点，内嵌了 1000 余个报表模板，提升前端的数据展现力，让数据更加容易被业务人员所理解。

在线上拓客方面，智能营销解决方案也毫不逊色。其以社交营销为核心，运用社交端小程序和银行公众号商城帮助客户经理实现线上客户批量管理的功能，单个客户经理管理户数可以从数十个跃升到千个以上。系统最快 1 天即可上线，营销活动转发率较传统模式提高 10 倍以上。

目前，金融壹账通对中国所有省份的城商行和农商行都有一定的涉猎，根据与银行合作维度的深浅，壹账通将合作方式分为重模式和轻模式：重模式表示与银行之间有很深的合作，该银行的互联网平台以及经营平台都由金融壹账通来建设；轻模式更侧重于赋能，缺人才则输送人才，缺运营经验则输送运营方案，缺产品就提供产品。

在这些与金融壹账通合作的银行当中，有一家银行经营手机银行和网银三年，一共才获得 10 万客户。在与金融壹账通合作之后，三个月客户数就激增至 30 万，一年之后实际获客数达到了 81 万。而另一家城商行，尽管存量客户基数很大，但是很多都是休眠户，并不活跃。金融壹账通为其设计了一套存量客户激活方案，在 2017 年 11 月开展了一个理财周的活动，一周时间理财销售总额冲到 11 亿元，这相当于这家银行 1～10 月所有理财产品销售总额。

"这对于银行的收益、交易规模，还有获客和存量顾客的激活，其实都有很大的赋能。"对于如何让银行更快上手，金融壹账通营销中心东区负责人罗凌的设想是转变银行的经营理念，"我们会这样和银行讲，假如有数千万级别的预算，以前的老做法可能是花绝大多数预算建系统，只剩下很少的预算用于向客户提供一些权益，比如优惠券、营销活动、客户经理激励等，并且传统的科技厂商并不会对银行系统建成后客户经营和业务营销的情况负责，对客户的吸引力非常低，所以往往会造成银行花了很长时间，投入了大量人力物力，建成了一个系统，但是并没有什么客户和业务流量的情况出现。现在反过来，同样规模的预算范围，花百万级预算快速建立系统，用千万级预算回馈客户，策划优质的营销活动，加大对客户经理的激励力度，那将是一个质的变化。并且，金融壹账通在整个业务落地和营销过程中，全程参与，从系统落地到产品设计，到产品推广，到风险识别、风险控制，到贷后资产处置等一系列、全流程的经营活动，与银行共同成长，在银行业务的利润增长部分进行业务分润，所以我们更多强调的是改善经营模式。"

金融壹账通联席总经理邱寒也曾在采访中表示，在引入外部金融科技拓展零售业务的过程中，中小银行会遇到诸多难题，例如"获客量"难兑现、银行前期大量投入却未能产生理想效果等。这迫使越来越多中小银行在技术应用方面，从前端一次性支付服务费用，转向后端围绕业务合作效果进行利润分成。为了解决这一痛点，金融壹账通部分系统采取分润方式，大大降低了中小银行的前期投入。同时，金融壹账通也与合作伙伴一起成长，业务规模持续增长。

2. 零售贷款：当 AI 遇上贷款

老陈最近遇到一个问题，首套房没钱装修，面对毛坯房天天发愁，只好去银行申请装修贷款。从申请到提交资料到审核，折腾了好几个月却被告知信用资质不符，需要抵押资产才能贷款，但抵押贷又涉及资产评估，再一番折腾还是无果，直到年底他还是一筹莫展。

小李已经从事银行信贷员工作三四年了，每天面对的申请资料垒成一座小山，但各方面符合要求的融资人仍是屈指可数。一方面要翻看企业流水、看征信、查负债，另一方面要落实风控指标，好不容易找到优质客户，却因为行里审批周期长而被同业给挖走了。到了月底领导的电话上门了，"这个月的任务完成了几个，逾期追回来了没有，奖金还要不要了！"

借贷双方吐槽贷款难的现象绝非个案。以传统的线下贷款模式为例，因涉及纸质资料的审核、抵质押物评估、内部流程审批等环节，业务办理缺乏时效性、营业场所经营成本较高等情况，长期以来都是中小银行与小贷公司难以回避的问题；对借款人而言，大量诸如面核等核心流程仍需通过柜面的人工操作才能完成，如此种种将诸多信用良好的优质客户拦在门外。

如何在确保风控的基础上，通过流程优化提升贷款效率、降低经营成本以增强贷款方竞争力，以此精确匹配贷款需求，已成为金融机构用战略眼光看待的问题。AI 技术的有效应用无疑为此提供了解法，比如基于深度学习的算法模型甚至可以自行甄别出对于信贷表现更加重要的特征变量。

金融壹账通 2017 年推出的 Gamma 智能贷款解决方案，服务重点就是解决中小银行零售贷款的痛点。该方案拥有七大核心产品：智能渠道管理系统、智能进件配置平台、反欺诈平台、智能微表情面审辅助系统、定制评分卡、智能风控引擎以及终端产品——Gamma 智能贷款一体机。

拿最核心的 Gamma 智能贷款一体机来说，它整合了微表情识别、生物识别等前沿 AI 技术，配合智能双录、大数据风控、电子签章、区块链等多种创新科技，可以为每位借款人建立起生物档案，同时高效完成对借款人、相关行为及属性的准确核实。给中小银行带来的最直接好处是既能比人工审核更精确靠谱，又能提升效率。比起传统贷款，时效可以大幅缩短到 3～5 分钟，申请流程简化 60% 以上。

资料来源：金融壹账通。

图6　Gamma 智能贷款解决方案核心产品

费轶明介绍，银行可以借助系统完成贷款的远程面谈，通过识别客户表情变化来避免欺诈风险。人类的表情是由脸上的几百条细微的小肌肉控制的，有的时候人的表情很难进行自主性控制。系统现在能识别 54 种表情，远超出肉眼的判断能力，这 54 种表情中每种表情有着数百个不同的、细微的动作组合，有些表情的变化可能就预示着客户在说谎，系统能够如实地记录其面部表情并作出相应判断，还能根据客户的回答进一步提问，交叉验证真实性。这样不仅可直接帮助中小银行降低贷款运营成本，而且银行更因风控能力的提高而显著增强市场拓展能力，这就给传统的获客、审核、审批模式带来了历史性的变革。

3. 企业融资：让数据会说话

2018 年最受关注的莫过于小微企业融资难、融资贵问题。很多小微企业具备一定的还款能力，但因无法提供合格抵押物、经审计的财务报表而被拒贷；此外由于银行产品大多是标准化的，而中小微企业的融资需求往往是短、频、急，甚至连还款也不定期，银行产品无法满足其需求，不得不用更高的成本寻找资金。在对中小企业的贷款审批上，银行需要投入与大企业同样甚至更多的人力、物力资源，但风险更大，件均收益却低很多，因此大多银行对中小企业贷款的态度谨慎保守，意愿不强，投入不足。

金融壹账通专为银行等金融机构提供中小企业融资服务量身定制的一站式金融科技服务平台——壹企银，正是针对银行对公贷款痛点而推出的。

企业在经营当中会产生很多数据，例如银行账户数据、ERP 数据，问题是银行无法感知到这些数据。壹企银通过软件使这些数据标准化，再通过数据的分析和挖掘帮助银行进行风险识别。"收集感知到这些数据，关键时候怎么用这些数据作出判断，这是银行面临的问题，我们就是用这些手段帮助它验证、感知，让数据会说话。"中小企业金融中心负责人表示。

平台广泛应用科技手段，搭建起智能客户匹配、智能风险防控和智能系统应用三大引擎，全面改造了银行等金融机构传统模式下的信贷流，帮助银行快速拓宽业务来源、提高风控水平、优化业务投产比，从而大大提高银行等金融机构开展中小企业信贷业务的综合能力。

智能客户匹配引擎。一方面，通过与国内知名中小企业服务平台合作，壹企银平台接入了海量线上企业客户；另一方面，通过与银行等金融机构合作，引入了丰富的信贷产品信息。在此基础上，壹企银广泛运用数据分析、客户精准画像和风险评级模型等智能工具，实现了客户线上与银行等金融机构信贷产品的智能匹配。借助壹企银平台，中小企业可以快速找到匹配的银行，银行可以快速找到匹配的中小企业。而传统模式下，银行主要依靠客户经理线下营销获客，不仅成本高、成功率低，而且还面临着道德风险等问题。

某试点农商行原来依靠数十个客户经理扫街或人脉获客，效率较低。同时，其采用线下小微客户调查和审批模式，流程慢且风控难。引入智能解决方案 4 个月后，该行小微客户新增 600 多户，新增贷款占该行小微贷款增量的 80%，贷前尽调从 1 天以上缩短至 1 小时，审批时长从 1 周以上缩短至半天，效果十分显著。

同时壹企银平台还独创了针对垂直行业的获客模式，通过对汽车、医疗等行业的深入研究，一方面研发出符合行业特性的风险评价模型及金融产品；另一方面又通过与行业内的影响力平台合作，积累了大量的目标客户。

智能风险防控引擎。壹企银平台风控引擎又被称为"信贷魔方"，可输出覆盖信贷全周期的智能风控服务，广泛运用智能认证、反欺诈、客户画像、黑灰名单及区块链等最新风险识别和防控技术搭建。涵盖贷前反欺诈分析、贷中信用评估、贷后及资产管理三大板块，包含黑灰名单、企业主风险分析、企业财务分析、企业关联人群风险评估等 10 多个子模块，支持整合输出或模块定制化拆卸耦合，可 SaaS 云端化部署，方便金融机构灵活使用。如果银行只需要其中的某个子模块，可以即插即用。

智能系统应用引擎。壹企银平台技术系统的搭建都是组件式、模块化的，可以快速部署到企业终端，可以一键接入银行等金融机构，所有产品均既可以独立输出实现特定功能，也可灵活组合成整体解决方案。

但金融壹账通并不满足于此，继推出"壹企银中小企业智能金融服务平台"之后，借助区块链技术通过整合升级再次推出"壹企链智能供应链金融平台"。该平台能链接核心企业与多级上下游、物流仓储、银行等金融机构，实现了区块链多级信用穿透、重新定义核心企业、下游融资全流程智能风控、对接境内外贸易平台和构建跨地区服务联盟。

费轶明特别介绍了其中采用的零知识证明技术。这个技术的关键在于证明者向验证者证明并使其相信自己知道或拥有某一消息，但并不向验证者泄露任何关于被证明消息的信息，可以应用在银行交叉验证客户信用上。他举了一个例子，假设某企业有一个 1000 万元的订单，他先拿 500 万元去上海的银行 A 做质押，再拿 700 万元到深圳的银行 B 做质押，这实际上是一种重复融资。而银行间出于数据安全考虑很难做到数据共享，没有数据共享，怎么防范重复融资？此时就需要在加密环境下，对加密数据进行验证。当这个企业拿 700 万元到银行做质押，通过交叉验证，B 银行虽然不知道哪些银行，分别质押了多少，但是可以知道总共被质押了多少，从而可以判断是否存在重复融资，有效避免信用风险。

而在香港金管局推出的区块链贸易融资平台上，壹账通利用区块链技术，为现时劳动密集型的贸易融资业务提供助力。该平台让生态圈内的银行及其企业客户均可通过分布式账本提交并记录采购订单、发票和融资申请，从而大幅降低欺诈交易和身份盗用的风险，长远更有助于增加融资成功率与降低融资成本。此外，通过数码化改善当前纸张密集型的融资流程，将有利于香港企业，尤其是中小型企业的长足发展。

（二）赋能保险业：提供行业领先的保险科技解决方案

保险行业在投保、理赔、服务三个核心环节存在诸多痛点，对科技水平和风控能力不足的保险公司来说这是严峻的挑战。金融壹账通最初起步于赋能银行业，但发现中小保险机构也有着强烈需求后，开启了对保险业赋能的探索之路。

2017 年 9 月，壹账通首次对外开放保险经营中的最核心技术——"智能保险云"，推出"智能闪赔"、"智能认证"两大产品，面向全行业开放。

"智能闪赔"是基于人工智能、大数据等领先技术的车险理赔端到端云平台，包含四大技术亮点：高精度图片识别、一键秒级定损、自动精准定价、智能风险拦截。这是目前国内车险市场上唯一已投入真实生产环境运用的人工智能定损与风控产品。据费轶明介绍，目前该业务已经覆盖超过 96% 的车型、82% 的配件及 88% 的工时、99% 的事故维修厂。客户在遭遇没有人身伤亡的车祸时，只需一键上传照片或视频，人工智能可做到秒级完成车辆损失和维修方案核定，并依靠精准到县市的工时配件价格体系，实现真实准确的理赔定损。"这是一款可降低车险赔付 10% 以上，理赔时效缩短至秒级，并显著减少人工操作带来的管理风险的产品，而且智能识别精度高达 90% 以上，大大超过市面其他同类产品 80% 的准确率"，费轶明强调。

"智能认证"利用人脸识别、声纹识别等人工智能技术为每位客户建立起生物档案，完成对人、相关行为及属性的快速核实。该技术使保险行业从保单制跨越实名制直接到达"实人、实证、保单"三合一的"实人认证"。使用该技术后，投保环节时效由平均 15 小时提速至 30 分钟，由此带动代理人效率提升至少 30 倍。

（三）赋能投资业务：重塑信任机制

王明宇是一家券商投行部的老总，为承销手中的 ABS（资产证券化）产品，他到处跑资金。但现实是，除了抢手的大公司资产外，一些体量略逊的公司尽管尽调、定价都不错，资金方就是以信息不全或资料不透明等原因不买账。此外，ABS 产品的发行、存续、管理等工作强度和复杂程度，也让王明宇和下属们苦不堪言。由于业绩展望一般，不仅部门面临裁减，新产品发行耽误，甚至还面临客户的流失。

随着国内资产证券化业务发展的深入，资产穿透难、科技系统弱、运作周期长等业务痛点日趋凸显，制约着产业进一步健康发展，已成为券商所面临的难题。

针对王明宇们遇到的难题，壹账通推出了 ALFA 智能 ABS 平台。利用区块链技术穿透底层资产，实现资产信息的公开、真实，彻底重塑了传统 ABS 的信任机制。并且由于链上的产品设计全流程透明化，数据传输实时共享，可大幅优化资产证券化的交易流程。

提到重塑信任机制，王明宇一扫此前的阴霾："金融壹账通区块链技术对于底层资产的穿透，让原始资产方和资金方都改变了态度。资产方对于自己的产品更有信心和底气，同时资金方因为能看到真实的资产信息，逐渐增大了资产选择的范围。这对于行业来说，是一件多方共赢的好事。"

而金融壹账通在赋能投资方面取得的另一突破就是壹资管平台。壹资管平台意在为机构把握资管行业变革中的机遇，提供全套技术解决方案，给银行、券商、信托、基金等机构提供新服务。平台覆盖产品端全生命周期管理，在投资端整合标准资产和非标资产管理，构建一体化解决方案，支持资管业务净值化转型。通过投资组合管理、投资风控管理、全资产类别估值能力，增强银行资管机构资产管理水平。

在帮助银行实现净值化管理转型之外，壹资管平台给信托及基金子公司提供非标资产的全流程管理，帮助机构转型主动管理。券商及公募基金可在壹资管平台上实现 ETF 发行管理一体化，通过 ETF 筛选分析、组合模拟回测，对接产品商城形成投资闭环。

四、肥水要流外人田

费轶明曾就职的中国某城商行近年发展很快，但其在塑造差异化特色、突围复杂金融竞争之路上也颇经历了一些波折，这段经历让费轶明很能理解中小银行转型面临的痛点。他认为，金融壹账通要始终坚持在不断发展的过程中，聚焦金融机构的痛点，不忘初心，这样才能走得更远。

而最让他看好的，是区块链技术在金融壹账通的落地生根、发芽开花。在他看来，区块链之于场景是水和植物，壹账通已经在区块链的场景开发上做了很多尝试，除去供应链金融，在非金融产品上也可以用到，比如环保、医疗等。"区块链的想象空间非常大，我们需要走得更远。"费轶明这样形容。

面对愈加严格的监管、愈加激烈的竞争，尽管前路美好，金融壹账通的道路却没有想象中那么顺利。业界均对开放服务平台这块"肥肉"虎视眈眈，在社交和电商场景上，腾讯和阿里已是占尽优势。即便背靠平安这棵大树，金融壹账通也并非没有危机感。既然是做平台，最重要的是服务对象，如何用最新的技术、最有针对性的服务去俘获更多中小银行、中小企业的"心"，仍然是重大挑战。费轶明认为，树立起"肥水要流外人田"的理念，才能将开放平台的蛋糕做得更大。

"授人以鱼不如授人以渔，授人以鱼池更甚授人以渔"，为中小金融机构打造一个"海阔任鱼跃"的"鱼池"，将是金融壹账通今后的方向。

宜人贷：

打造金融科技行业的突围之作

2018 年 3 月 15 日，宜人贷发布了 2017 年第四季度及全年财务业绩。在当天的媒体沟通会上，宜人贷 CEO 方以涵对全年财报进行了解读。条分缕析之间，方以涵的声音略显疲惫。

宜人贷是由宜信公司在 2012 年推出的金融科技平台，旨在通过 P2P 网贷业务为中国优质城市白领人群提供高效、便捷、个性化的信用借款咨询服务，并通过"宜人财富"为大众富裕人群提供安全、专业的在线财富管理服务。2015 年 12 月 18 日，宜人贷在美国纽约证券交易所成功上市，成为中国金融科技第一股。根据中国社会科学院国家金融与发展实验室互联网金融行业分析与评估课题组发布的《中国互联网金融平台风险评级与分析报告》，凭借在运营模式及安全合规等方面的突出表现，宜人贷各项指标及综合评级均列全国第一。

然而纵观宜人贷 2017 财年的净利润增长，四个季度的不同走势如同过山车：第一季度、第二季度净利润连续两季环比负增长。第二季度净利同比增速从上一季度的 166% 直落到个位数增长，第三季度净利同比增速更跌至负值。如此数据走势与宜人贷 2016 年财报业绩呈现出巨大落差：2016 年，其四个季度净利润同比增幅均保持在 200% 以上。

望着眼前难言理想的财报数字，方以涵的思绪回到了前一年夏天。由于缺乏行之有效的行业监管和行业自律，P2P 网贷经历了一段时间的野蛮生长，一些机构以 P2P 网贷之名从事非法自融、设立资金池、非法挪用资金等违法违规经营，积累形成了较大的行业存量风险。P2P 网贷领域风险亟待化解之际，中国人民银行等十七部门于 2017 年 6 月联合印发《关于进一步做好互联网金融风险专项整治清理整顿工作的通知》。文件要求网贷平台的机构数量及业务规模应"双降"——不得增长业务规模、不得新增不合规业务。这一条规定对正依靠业务增长来摊薄成本、达到盈利目的的绝大多数网贷平台来说，打击很大。纵使身为头部平台，宜人贷也面对很大挑战。方以涵不得不思考，行业寒冬来袭，如何形成突围？

从那时起，制定宜人贷的长远发展之策，就成为方以涵的工作重点。在方以涵看来，互联网金融已经迎来一个去芜存菁和行业合作的阶段，那些蹭热点随大流的平台逐渐退出赛道确是必然的，但主流平台如何继续领跑还值得深思。几经内部讨论，宜人贷团队提出，随着金融科技行业近年来的迅速崛起，人们的金融消费行为和交易习惯已经逐渐发生了改变，原有的金融服务模式已经难以满足人们对安全、便捷、智能化的诉求，提供更为智能化的金融服务成为众多传统金融机构的发展方向。在此背景下，金融机构出现了越来越多的转型发展或多元发展的需求。于是，宜人贷作出判断：金融科技能力的输出，很有可能会成为宜人贷这样的头部平台型公司重要的营收来源，从而构成长远发展的一大支撑。

事实上，宜人贷 2017 年 3 月就正式发布了 YEP 共享平台（全称为 Yirendai Enabling Platform，简称 YEP 平台）。宜人贷希望能够借助这一平台向外输出其金融数据、反欺诈智能和线上客户获取能力，在打造自身新的利润增长点的同时，为行业健康发展"赋能"。

想到这里，方以涵抽回思绪，接着向媒体坚定说道："进入 2018 年，我们的战略非常明确。宜人贷将在 2018 年全面推进三大业务板块的健康成长。第一，继续拓展网贷平台业务，与更多行业伙伴达成新的合作。第二，将宜人财富作为 2018 年的战略重点，致力于为大众富裕人群提供科技驱动的财富管理服务。第三，积极推动 YEP 共享平台赋能行业，与更多机构达成合作。"

只是，被委以重任的 YEP 共享平台，到底能否证明自己？

一、P2P 的前世今生

P2P 小额借贷是一种将较小额度的资金聚集起来后，借贷给有资金需求人群的一种商业模型，其社会价值主要体现在满足个人资金需求、发展个人信用体系和提高社会闲散资金利用率。不少人认为，这种商业思维由 2006 年"诺贝尔和平奖"得主穆罕默德·尤努斯首创。

1976 年，在一次乡村调查中，尤努斯把 27 美元借给了 42 位贫困的村民，以支付他们用于制作竹凳的微薄成本，免受高利贷的盘剥。由此，尤努斯开启了他的小额贷款之路。1979 年，他在国有商业银行体系内部创立了格莱珉分行，持续为贫困的孟加拉国妇女提供小额贷款业务，使这种借贷行为形成了一种可持续运转的商业模式。

随着互联网信息技术的发展，P2P 网络借贷模式出现：由网络信贷公司作为中介平台，借助技术手段提供信息发布和交易实现的网络平台，把借、贷双方对接起来实现各自的借贷需求。

目前，这种变革性的理财模式已逐渐被身处网络时代的欧美大众所接受，P2P 网络借贷平台在英美等发达国家发展也已经相对完善。Zopa 是公认的世界上第一家 P2P 网贷公司，于 2005 年 3 月在英国伦敦成立，经营的贷款种类主要有车辆贷款、装修贷款和债务重组。Zopa 的联合创始人兼 CEO 吉尔斯说："我们很自豪地开创了一种全新的方式，允许人们通过网络借贷来实现自己的人生目标或者获得可观的借贷收益。Zopa 就像 eBay 一样，是一种标杆性变革。"

2006 年，这种 P2P 网络借贷模式被引入中国，并迅速在国内形成了一定规模。宜人贷的母公司宜信 2006 年成立，也正是中国 P2P 行业的先驱平台之一。

纵观 P2P 在中国的发展历程，自 2006 年至 2018 年经历了四个阶段。

2006 年至 2011 年，是初始发展期。很多具有创业冒险精神的投资人认识了 P2P 网络借贷模式，尝试开办 P2P 网络借贷平台。这一阶段，虽然人们越来越享受于互联网服务，但借贷、理财等观念较为薄弱，P2P 平台数量勉强发展到了 100 家。

2012 年至 2013 年，是快速扩张期。这一阶段，一些具有民间线下放贷经验同时又关注网络的创业者开始尝试开设 P2P 平台，小额贷款公司、投资公司、资产管理公司、互联网企业、实体企业等公司参与到 P2P 网贷中来，行业进入发展小高潮。但由于个别平台管理粗放、欠缺风控，借款人集中违约情况开始出现，平台挤兑倒闭情况偶有发生。

2013 年至 2016 年，是野蛮生长期。这一阶段，阿里巴巴推出的余额宝启动了人们的互联网理财观念，也刺激了 P2P 平台的发展。同时，由于国内各大银行开始收缩贷款，很多不能从银行贷款的企业或者在民间有高额高利贷借款的投机者，从监管尚不严格的 P2P 网络借贷平台上看到了商机，圈钱行为频出。自融高息加剧了平台风险，一些 P2P 平台集中爆发危机。

2017 年至今，是专项整治期。P2P 网贷行业监管政策频出、政策限制加严，加之客观的经济大环境因素，行业正在经历前所未有的大洗牌，不少平台纷纷退出、转型或更变业务形态。

其中，一些体量较小、实力欠佳的平台频频在生死线上挣扎，最终选择良性退出或等待收购。一些平台进军东南亚，将业务拓展至海外跑马圈地。国内互金平台在发展之初得以野蛮生长，享受到了巨大市场红利，与政策监管的断层不无关系。如今的东南亚国家似乎就是曾经那个"中国市场"，不少互金平台希望能够在这片土地上重现辉煌。还有一些平台选择了变更业务形态，寻求与其他金融机构合作，希望通过输出此前积累多年的数据与技术，走上稳健发展的道路。

从 2018 年 6 月中旬开始，P2P 再遇爆雷潮。跑路、倒闭的平台屡见不鲜，逾期兑付等乱象也不时出现，整个 P2P 行业面临前所未有的流动性危机。数据显示，7 万亿元资产、近千万投资者和借贷者，可能都被卷入这场风波。不少投资者在刚兑惯性下大量投资，损失惨重。一时，P2P 行业呈现出前所未有的幻灭感。

不过，爆雷乱象或许也能够由此成为行业规范的一个契机：伴随着风险加速出清、行业加速洗牌，大浪淘沙，只有真正合规、优质的平台才能够走出困境，迎来新生。

当前，P2P 行业似乎陷入整体暗淡，何时回暖不得而知。摆在所有 P2P 平台面前的一个现实难题就是，若想坚持下去，如何形成突围？

二、宜人贷起航： 志在成为网络借贷破局者

宜信公司创始人唐宁在美国读书期间，就曾通过一位经济学教授的介绍结识了尤努斯，并曾于 1997 年暑期实践时亲自到孟加拉国拜访尤努斯，学习"小额信贷"。

在之后的创业历程中，唐宁曾任职于华尔街投行，也曾在回国后出任亚信科技战略投资和兼并收购总监，逐渐熟识中国本土市场。在做早期投资时，唐宁投资了一批培训学校，但有的学生付不起学费，希望能先就业后付款。唐宁带着这样的需求去找银行合作，却遭到拒绝。于是，唐宁使用自己的资金向超过 100 名学生提供了学费贷款，最终每个学生都把钱还给了他。受到这段经历的极大鼓舞，唐宁有了自己的"普惠金融"梦，由此他干脆搞起了自己的商业实践。

2006 年，尤努斯获得诺贝尔和平奖，同年唐宁创立宜信。企业文化的核心是"人人有信用、信用有价值"。一方面，经过计算，唐宁意识到了中国的小额信贷能够成为 1 万亿元人民币规模的行业，存在巨大的市场需求；另一方面，唐宁看到了中国经济改革中出现的新群体阶层，他称这个群体为"大众富裕阶层"。这个群体开始积累财富，但是他们除了银行存款外没有合适的另类投资工具。如果他们愿意出借资金给农村居民或城市微型企业主，这些借款人由宜信公司审核并愿意支付相应的贷款利息，就能够满足各自需要。于是，宜信公司开始扮演其中的金融信息中介角色。

在探索微额信贷业务的过程中，宜信设计了许多定位于不同群体的产品，包括精英贷、薪薪贷、助业贷和宜学贷，分别定位于专

业人士、工薪白领、小微企业主和参与 IT 培训项目的学生。在
2010 年时，宜信公司已经发展到在 22 个城市拥有 38 家借贷分支机
构，年发放贷款新增 22770 笔。2011 年之后，宜信又拓展产品线
至许多新领域，开发了房贷、车贷以及融资租赁。从公司的角度
看，宜信的业务范围已经从微额贷款、基础运营资金贷款，成长为
向城市和农村包括农民、学生、工薪阶层、消费者和小微企业主提
供一系列产品的普惠金融业务。一路走来，宜信触摸到了不同群体
的客户特征，多年的线下探索为后续业务向线上转移奠定了坚实的
基础。

2011 年，唐宁决心让即时信贷决策通过线上进行——对客户来说
这样的体验会更好。"那时候的金融环境决定了几乎所有机构都是线下
面对面进行风控。我们就想如果能够做线上借款、线上信用评估的话，
对客户肯定是最好的，关键是能否实现。我们不知道这会花多长时间
和将会如何产生，但是我们知道破局者将是宜信公司，我们有着全部
所需的经验和信念去创新。"唐宁说道。

随后，唐宁劝说彼时正在美国从事互联网工作的方以涵回国创业，
共同探索宜信的线上转型之路。方以涵说："跟唐宁见面一开始，我就
激动地说我的那些计划，可是到最后突然发现，我变成了安静的听众。
当时唐宁说要建立中国人的信用体系，我感觉这件事情很大，也很有
意义。"所以在一周后唐宁打电话邀请她先到宜信来做顾问时，方以涵
痛快地答应了。2011 年 12 月 1 日，方以涵正式加入宜信。

方以涵在当时面临的任务，一是建立互联网部，促进宜信业务互
联网化进程；二是搭建个人对个人借款与理财服务咨询网络平台。3 个
月后，方以涵就带领一支不到 20 人的小团队成功推出了 P2P 网贷平台
"宜人贷"：通过网上借贷平台连接借款人和出借人，通过从两边同时

收费获取盈利——一边向借款用户收取交易费，一边向出借用户收取服务费。此外，借户贷款需向宜人贷支付利息，而宜人贷会向投资者支付借款利息。

2013 年，中国互联网金融行业迅速升温，P2P、第三方支付、移动支付、众筹、互联网券商等新型业务风起云涌，呈现出野蛮生长的态势。当时不少人认为，有了互联网之后，资金供需双方的信息完全可以实现直接交互，P2P 网络贷款、网络众筹等模式很有可能颠覆传统金融。在这样的舆论形势下，宜人贷抓住机遇，进入了快速发展的轨道。

三、因势利导， 创新求变——宜人贷的这些年

2013 年 9 月，宜人贷推出了手机借款 APP，这是全球 P2P 行业中首款在手机上完成信用借款全流程操作的 APP。2014 年 10 月，在积累了大量数据及智能技术后，宜人贷升级推出了"1 分钟授信，10 分钟批核"的极速模式借款服务。以往，用户申请借款需要经历多重线下步骤，耗时耗力、体验不佳。宜人贷的极速模式在节约用户时间成本的同时，也提高了手机借款 APP 的使用质量。凭借既叫好又叫座的纯线上操作模式，宜人贷走到了行业前列。

2015 年，国内多家 P2P 平台茁壮成长，一些头部企业将目光转向海外，希望能抢占"北美上市第一股"的称号，为未来发展赢得更多机会：上市不仅能起到明显的增信作用，也有助于提升平台知名度，从而降低获客成本。最终，宜人贷赢得先机，在 12 月成功登陆纽交所。

然而，在纽交所上市带来的一个棘手难题就是，国际市场对中国网贷行业的认知不足——在提交招股说明书后，宜人贷不仅要计划忙于市场路演、定价谈判，还要反馈监管机构，不断回答问题。非法集

资平台"e租宝"大案的爆发，也险些给刚刚北美出道的宜人贷致命一击：因为P2P市场深陷信任危机，宜人贷开盘后两度跌破发行价。2016年2月12日，宜人贷股价跌至52周最低，仅3.35美元。好在，不论股价如何起伏，宜人贷没有停下前行的脚步。随着业绩的稳定增长和市场理解的加深，宜人贷的股价在半年后翻了10倍以上，市值超20亿美元，得到机构投资人的认可。

而就在宜人贷以"中国金融科技行业第一股"概念在华尔街打响名声之时，中国的行业监管正在加大推进力度。在2016年，也就是传说中的"互联网金融严监管年"，我国监管落地、专项整治双拳出击。8月出台的《网络借贷信息中介机构业务活动管理暂行办法》明确禁止P2P网贷平台自行发售理财等金融产品募集资金，代销银行理财、券商资管、基金、保险或信托产品等金融产品。这就意味着，网络借贷平台将不能继续提供理财服务。

如此大环境下，宜人贷将旗下理财端升级为"宜人理财"，通过独立的在线平台为投资者提供一站式理财咨询服务。定位于大众富裕阶层，宜人理财以"智能投标"和"循环出借"的方式，帮助出借人提高资金的流动率和利用率，进而增加收益。2017年5月，"宜人理财"再次更名为"宜人财富"。

名称之变，也正反映了趋势之变：从用户成长的生命周期和需求来看，大众富裕阶层的崛起，以及随之而来的对财富管理的强烈需求，或要在经历了较长时间的野蛮生长之后迎来崭新高点。但是，由于顾问人数有限、服务半径有限，更大长尾的中产阶级和富裕阶层可能无法被更好服务。宜人贷意识到，想要更好服务这个颇具潜力的客户群体，必须建立更加强大的数据基础及科技能力，在挖掘大众富裕阶层的投资偏好和风险容忍度方面更上层楼。

值得一提的是，宜人贷母公司宜信还有另外一个财富管理平台"宜信财富"，后者主要定位于服务高净值人群。此外，与宜信财富致力于提供全球资产配置服务不同，宜人财富专攻在线财富管理平台。

同样在 2016 年，宜人贷也遭遇了欺诈难题。从其 2016 年财报中不难看出，彼时的宜人贷面对两大不容忽视的问题：坏账率在持续攀升；信用等级最低的 D 类借款比例上升，接近九成。而宜人贷当年第三季度管理费用增至 1.89 亿元，较上季度增加了约 2.6 倍，也正是因为其旗下的一款极速贷款产品遭遇了有组织欺诈事件。

事实上，那是一起骗贷团伙对全行业的攻击。虽然宜人贷反应迅速，在两周内就首先发现了欺诈行为，将损失降到最低，但艰难的现实也再次让宜人贷受到鞭策：反欺诈能力决定网贷平台生死存亡，风控能力的提升片刻不可停歇。

这并非宜人贷一家 P2P 平台面临的问题。在方以涵看来，金融科技行业面临诸多挑战：社会信用意识薄弱、客户对线上借款的认识尚低，统一全面的官方征信体系和信用评分也尚未建立，导致有组织的骗贷行为盛行。如此内外部因素交织，以网贷为代表的金融科技行业"虚火"旺盛：借贷平台鱼龙混杂，无法对客户作出精准画像，对服务人群也缺乏深刻理解，以致风控和获客成本居高不下；与之相对的，则是客户对借贷平台信任度不高，体验感不佳。由此，行业呼唤一款"赋能"之作，宜人贷的 YEP 平台由此应运而生。

2017 年 3 月，宜人贷 YEP 共享平台正式发布。宜人贷希望，能够借助这一平台，向外输出其金融数据、反欺诈智能和线上客户获取能力，为金融科技企业提供一个可信赖的，集信用评估、风险控制和精准获客于一身的金融科技共享平台。简而言之，宜人贷想要为行业健康发展赋能。

2017 年 6 月底，中国人民银行等十七部门联合印发《关于进一步做好互联网金融风险专项整治清理整顿工作的通知》，要求网贷平台的机构数量及业务规模应"双降"——不得增长业务规模、不得新增不合规业务、存量违规业务必须压降、资金端门店必须逐步关停、资产端门店数量应予以控制。不得增长业务规模，意味着网贷平台的交易规模、贷款余额环比不能出现增长，这对正依靠业务增长来摊薄成本、达到盈利目的的绝大多数网贷平台来说，无疑是一重击。此时，网贷平台如何长远发展的问题，成为横亘在许多网贷平台领导者心中的大石。

2018 年 3 月，宜人贷发布了 2017 年第四季度及全年财报，方以涵在当天的电话会议中表示：宜人贷将从单一的网贷业务升级为三大业务条线，即"在线网贷平台"宜人贷、"金融科技能力共享平台"YEP 以及"在线财富管理平台"宜人财富，且公司已为这三大业务板块制定了详细的发展蓝图。

由此看来，宜人贷未来"靠三条腿走路"的战略已十分明确。唯一的问题就是，新业务任务艰巨，YEP 何时发威？

四、YEP 共享平台如何打开局面？

宜人贷希望，能够通过 YEP 金融科技能力共享平台，向合作伙伴输出三项核心金融能力：数据、反欺诈能力和精准获客能力。事实上，这三项都是金融科技平台业务的绝对痛点，能否成功推出平台从而赋能行业，更像是宜人贷对自身三方面能力的一次自我检验——只有优势明显，才能赢得青睐。

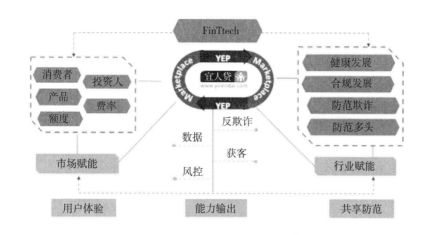

图1　YEP共享平台设计理念

（一）数据

金融科技行业令人神往的核心，就是其能够利用云计算、大数据、移动互联等新兴技术，对传统金融进行改造、革新乃至颠覆。维基百科这样解释金融科技：FinTech就是一种运用高科技来促使金融服务更加富有效率的商业模式。

"手机借钱是宜人贷发明的！"方以涵自豪地说。的确，从成立伊始，宜人贷就是典型的FinTech模式，在大数据、新科技方面积累颇多。早在2014年，宜人贷就推出了一个基于移动端的极速模式借贷APP，这是全球首个能在手机上实现全流程借款的移动应用。用户打开宜人贷APP界面，三步授权数据，完成批核过程只要10分钟。

最初的网络借贷，都是在网站页面上完成的，上传材料的过程漫长且复杂。方以涵回忆，那时的许多央行报告是无法在网络上查找到的，一项项信息都需要客户自己到银行去打印，打印出来后还需要扫描上传或拍照证明，流程极其烦琐，还暗含着巨大的欺诈成本。

客户借款流程长，平台风险和成本高，怎么办？现实难题摆在宜人贷面前，方以涵不得不思考对策。反复思忖之后，宜人贷决定做一件大事：改变传统借钱模式，培养手机借钱习惯。

于是，宜人贷开启了对网络数据的开辟与获取。最初，宜人贷以信用卡持卡用户作为目标客户群体，因为信用卡持卡用户实际上是经过银行筛选后的群体，且具有纸质版和电子版的信用账单。在用户充分授权的前提下，获取信用卡电子账单数据，为宜人贷的大数据之路开辟了方向。

但不同银行信用卡账单的数据结构是不一样的，甚至同一家银行不同卡种的数据结构都完全不同，如何解析这些形态不同的数据，又成为了宜人贷新的难题。经过技术团队的探索，宜人贷应用计算机视觉识别技术，成功实现了快速解析非结构化数据。

仅获取信用卡电子账单信息尚不足以完成对客户授信额度的判断。随后，宜人贷将目光转向电商数据和运营商数据。作为补充性资料，运营商数据和电商数据的积累颇具价值。例如，运营商提供的通话清单又能显示客户的亲密联络人及高频社交数据，电商数据中的收货地址往往指向客户的家庭地址或工作地点。不仅如此，电商数据还涵盖了客户的消费明细，能够准确表现客户的消费行为以及消费偏好。

比如，如果一个人经常购买彩票，或者偏好购买游戏币等玩乐设备，说明这个人的消费行为相对并不健康。又比如，如果一个人平时的消费水平保持在每个月几百元，而突然有一个月他的消费超过了1万元，那么这样的消费行为可能会影响到其个人风险因子的评估。支付宝的实名认证信息及客户的转账数据等，也都可以窥探出其履约情况及资产质量。一系列有效信息为宜人贷的贷中监控及贷后催收起到了巨大的帮助作用。

通过解析用户授权的多层次信息数据，宜人贷能够勾勒用户画像，从不同的维度对信息进行标记和分类、对用户进行分层，从而快速地对借款人的信用状况进行精准评估，既提高了获客效率，也能提高平台的精准服务能力和运营效率。最终，宜人贷积累了海量数据，为其"一分钟授信，十分钟批核"的目标铺平了道路。同时，有了数据的支持，获客就不再是大海捞针，而变得更加有针对性。于是，宜人贷将借款人群聚焦为收入稳定、信用良好、有互联网行为的高质量城市白领。

发展至今，宜人贷不仅沉淀了大量有价值的白领阶层用户数据，还在中国掀起了移动借款热潮，让大众建立了用手机借钱的习惯。

2013 年，宜人贷独创了数据服务平台"蜂巢数据魔方"。当多年的数据沉淀和技术沉淀被运用到宜人贷蜂巢数据魔方中，蜂巢数据魔方平台便可以对不同类型的信用数据进行综合分析，从而为更多金融平台提供可靠的信贷决策支撑。

据宜人贷蜂巢负责人李善任介绍，宜人贷蜂巢能够从海量数据中提取有效信息，并将分散的信息碎片聚合起来，变成有参考性和洞察力的信息，以辅助决策。受益于宜人贷多年的经验积累，宜人贷蜂巢目前可抓取的数据覆盖社交、电商、金融、信用、社保五大类 10 余种数据信息，并可通过所抓取的海量数据进行交叉验证，从而对申请人进行身份信息核实、检验。不仅如此，蜂巢数据魔方还成功开拓出保单、公积金、社保等维度的信息抓取及解析，抓取数据覆盖全国 150 余个城市的公积金、社保信息，40 余家银行、近 20 家保险公司，以及三大运营商全国各省市网点。目前，蜂巢所有维度信息的抓取成功率接近 98%，截至 2017 年 6 月，已有效拦截超过 600 万疑似欺诈账单。

有赖于蜂巢数据魔方的坚实基础，YEP 共享平台的数据积累有着

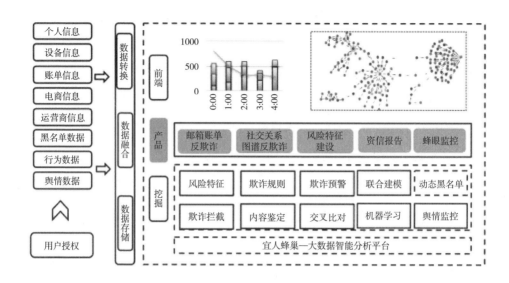

图2 宜人贷蜂巢数据处理及智能分析

"多、广、准"的特点："多"是指进件数量多，在百万级的用户申请下，科技能力共享平台沉淀了海量数据；"广"是指数据覆盖全面，如今，YEP共享平台已涵盖电信运营商、电商、公积金、网银、信用卡账单、保单、社保、行为习惯等多个维度；"准"是指数据抓取准确，所有数据都可经过解析精准地服务于风控和反欺诈。

方以涵说，"从线上到线下，宜人贷有配套的全流程服务，技术就在我们的血液里。"

（二）反欺诈能力

一直以来，欺诈现象都是整个金融科技行业面临的挑战。也因此，风控水平决定着金融科技平台的核心竞争力。YEP共享平台的反欺诈能力，不仅有赖于其母公司宜信近12年、宜人贷6年的数据和风控经验积累，更因为有宜人贷蜂巢团队的反欺诈技术手段与实践经验。

1. 先进的反欺诈技术手段

蜂巢的多维数据抓取解析平台，构建了包括但不限于信用卡账单反欺诈、社交关系知识图谱、风险特征建设等应用的智能风险反欺诈系统。

图3　蜂巢产品体系分为数据采集和反欺诈两大产品线

"账单反欺诈"是在用户授权的前提下实时获取账单数据，通过计算机视觉、数据挖掘和逻辑回归、决策树、随机森林等机器学习等人工智能技术，挖掘数百维度的账单行为特征和账单内容特征，并进行邮件发送路径反向追踪、黑白名单筛查、欺诈规则引擎输出等，最终实现实时甄别虚假账单和非一手账单的反欺诈服务。

"社交关系知识图谱"能够通过提取用户注册、进件申请、贷后逾期等环节的信息，构建包括用户设备、通讯记录、邮箱账号在内的10余种类型节点。目前，蜂巢的这一图谱已形成了4000余万的节点和近亿级关系的复杂社交网络，进而可实现黑名单关联、团伙欺诈识别、贷后失联召回、手机号存疑检测、设备存疑检测等欺诈识别等功能。"社交关系知识图谱"的有效运行，可为金融机构判断借款人的关系网络风险、申请行为风险发挥作用。

"风险特征建设"是基于海量借款用户的贷后风险表现发展而来的，能够针对每类数据源特色挖掘不同欺诈特征。目前，蜂巢已建立千余种维度的风险特征库，百余种维度的欺诈风险规则，可进行不同数据源风险特征的自由拆分组合，能够帮助实现规则引擎和风险模型建设。

由此看来，蜂巢的智能风险反欺诈系统的功能已基本覆盖客户贷前、贷中及贷后等各个流程，能够形成事前防御和事后管理闭环，在欺诈风险分析识别、量化、可视化，客户信息归户、查重及失联召回等方面，蜂巢都可深入运用。

2. 扎实的实践经验

凭借着对国内信用环境和技术体系的理解，宜人贷蜂巢团队将收集到的各种信息经过多维度的清理，转化为对行业的洞见，之后再返回修正风控模型。循环往复中，模型不断升级，平台日臻完善。

目前宜人贷面临的主要是信贷申请流程中的欺诈问题。随着科学技术的进步，不法分子的作案手法似乎也在跟着进步。现在大量欺诈已经不再只是个人作为，而是一种行业性质的行为。李善任说，蜂巢的发展史，就是与这些欺诈团队斗智斗勇的成长史。

（1）敌暗我明，宜人贷蜂巢见招拆招

在宜人贷手机APP急速模式推出之后没多久，宜人贷的风控系统就发现了欺诈型电子账单。最开始时，对方的伪造技术比较拙劣，采用手工更改的方式伪造电子账单。例如，将张三的信用卡账单伪造成李四的，或将信用卡的授信额度由小改大，又或者是把消费明细中的不良记录删去。

"但百密终有一疏，我们是有专门的模型去识别的。"李善任说。通过模型对比，宜人贷可以轻松发现欺诈型电子账单的伪造之处。比如，有时对方将信用卡的授信额度提高了，但消费明细中的透支记录并不匹配。对于这些问题数据，蜂巢系统可以及时拦截、过滤，欺诈者的贷款申请流程就此终结。

之后一段时间，蜂巢团队发现欺诈者的技术升级了：对方篡改系统的方式甚至是批量进行的，很可能有非法的专业机构或专门软件在其背后支持。此时，成百上千封伪造账单出现，大批量的异常数据涌入，单纯依靠蜂巢系统的模型已很难识别。于是，宜人贷蜂巢系统引入了半监督式的机器学习，将模型系统与人工介入相配合。升级后，一旦蜂巢系统发现账单信息无法准确判别，就会发出预警，指示人工介入。

通过人工对比，蜂巢团队发现，欺诈者的伪造思路还是有迹可循的：例如，有一些跨地区的不同申请者的消费明细一模一样；又或者，一些申请者的信用卡消费明细虽然数目不同，但消费时间一模一样。这就说明，对方数据库中数据有限，批量的伪造也可识别。于是，蜂巢团队再次对系统进行升级改造，制定策略教会系统如何对批量的不实信息加以识别和拦截。

"但你有什么矛，对方就有什么盾。不久之后对方又升级了，因为他们一直在研究你。"李善任说，之后的一次升级是很有难度的，因为对方架设了邮箱服务器，模拟了真正的银行发件员。面对这一次的棘手情况，蜂巢团队再次启动头脑风暴，找出对症之策：每一家银行的信用卡中心的后期信投都是各自一致的，不管每一次的信用卡账单有什么变化，银行的信投信息是不会变更的。

于是，宜人贷蜂巢不再仅仅解析表面的信用卡账单信息，而深入观察对方的信投元素，仔细研究对方的代码，比如 JS 代码、XML 代码、HTM 代码等。经过对比，蜂巢团队发现，总有一些信投代码的个别元素与真正各个银行信用卡中心的信投代码不一致。"发现一些元素不同，我们也不会声张，但我们会再次升级系统，把一切可疑元素拦截。"李善任说。

而在发现架设邮箱服务器也不再有效后，对方又火速修正了信投代码的异常元素。面对潜在欺诈者的一再升级，蜂巢团队不仅保持了耐心，还燃起了斗志：一定要把对方打得弃甲而逃！

这一次，宜人贷蜂巢引入了新的技术：自建了各个银行的 IP 白名单。李善任介绍说，业界有一个邮箱标准叫 SIP，有时我们的邮箱系统会定义一些邮件为垃圾邮件，这个过程的实现就是因为这些邮件并不在 SIP 的白名单之内。根据这一原理，蜂巢自建了一个白名单机制，将反推出来的所有正规银行的 IP 信息都列入 SIP 白名单之内。而目前为止，IP 地址是无法伪造的，所以一旦信用卡账单信息的 IP 来源出现异常，蜂巢系统就可以自动将其排除出互信领域，进而有效拦截。

（2）行业遭遇有组织欺诈，宜人贷蜂巢率先反击

说起宜人贷蜂巢最经典的反欺诈案例，不得不提 2016 年网贷行业集体遭遇的骗贷攻击。那一次，包括宜人贷在内的多家基于信用卡账单进行授信的网贷平台都遭遇了有组织欺诈，一时间人心惶惶。

而行业内最早发现问题的，正是宜人贷蜂巢。彼时，蜂巢团队注意到，淘宝网站上和一些网贷贴吧、论坛中忽然出现了许多代办帖子。淘宝卖家或发帖人宣称能够代办贷款，只要有办理贷款业务的客户的身份证和手机号，就可以顺利得到网贷平台的放贷，完全无需其他材料和走全部流程。有些商家甚至放言，"任何一家网贷平台都可轻松搞定"。

观察到这些现象，蜂巢团队迅速成立了舆情小组，专门对骗贷情况进行监控。最初时，蜂巢团队的工作人员曾在一些代办贷款的帖子

下留言，问是否可以代办宜人贷的贷款。但当时对方的回答是，"宜人贷的规则我们现在还没有摸透，建议你们先搞其他平台。"

但欺诈黑市的技术更新速度比想象中的要快，此次有规模、有组织的群体攻击更甚。大概一周时间之后，蜂巢团队的工作人员再去类似帖子询问，就得到了肯定回答——宜人贷的防线也被攻破。这一次，蜂巢团队了解到，如果借款人想要得到2万元贷款，商家会以借款人的名义帮其在网贷平台上贷款5万元，其中2万元归借款人，3万元归商家。更可怕的是，商家宣称，帮借款人借到的2万元贷款后他们也完全不必归还，商家可以教给借款人应对催收、拒不还钱的话术。

由此看来，这一次的欺诈者不仅有组织、有规模，还高收益、零风险，危害极大。幸好，宜人贷早已在第一时间将欺诈信息通报行业，及时帮助更多平台减少可能会发生的损失。"通常一个平台需要等到第一个还款日才能发现欺诈行为。如果当时各个网贷平台都是这样，造成的损失会非常大，但我们在这之前就发现并及时处理了问题。"

另外，蜂巢团队的反欺诈小组也进行了实地调查，去各个城市观察欺诈组织。蜂巢团队发现，这些欺诈组织类似于一个实体集团，有办公大楼、工作人员，甚至打着正规公司的幌子，堂而皇之地窃取网贷平台的巨额资金。但对方狡兔三窟，在山东、河南、深圳等地轮流上线。蜂巢团队意识到，我方在明对方在暗，反欺诈比欺诈更难。而此时唯一能做的，就是强大自身系统、升级技术手段。

好在，随着人们对网络科技的依赖不断加深，如今可获取的大数据信息越来越多。李善任说，宜人贷蜂巢每时每刻都在不断升级，APP端的用户授权数据获取也都在持续迭代。目前，宜人贷蜂巢正在研究微信数据，能够有效增加用户审核的准确性。比如，一个人的微信签名、微信名称、加入的微信群等信息，都能够被规范为可用的数据信息。

（三）精准获客能力

美国 P2P 平台 Lending Club 和 Prosper 把借款人的获取作为工作的重中之重，因为对出借人来说，最关心的就是资产质量和资金安全。因此，以合理的成本来获取高质量的借款用户，是 P2P 平台成功的关键。Prosper 还在精准获客方面提出了"EAU"观点，即 Education，对客户的教育；Awareness，对客户的认知；Understanding；对客户的深入了解。也就是说，P2P 平台需要对客户进行正确的分层，精准地找到需要服务的客户，有效地进行后续风险控制，这实际上是一件门槛非常高的事情。

而经过宜信近 12 年和宜人贷 6 年来的市场探索，宜人贷 P2P 平台已经积累了大量的优质借款人。截至 2018 年，宜人贷借款注册用户超过 3000 万，在金融科技领域，宜人贷无疑已成为令人艳羡的流量平台。

早在 2014 年，方以涵就曾说过，"在线上精准获取优质客户是 P2P 未来发展的一个趋势。"宜人贷团队相信，在中国存在很大一部分有资金需求的人，而且这些人是可以从线上找到的。因此，宜人贷坚持从线上获取借款人，且信用评估、交易达成和客户服务等全流程都在线上完成，在技术和营销创新上投入很大。

1. 四大获客渠道形成"客户洞察"

宜人贷有四种主要获客渠道。

首先，是媒体广告。获客要打开局面，即要让潜在客户知道宜人贷这个网贷平台的存在。在成立初期，宜人贷尽量贴近用户所在的环境，以媒体广告的形式向潜在客户推广宜人贷的借贷能力。宜人贷不仅推广其自身平台，还尽力推广 P2P 网贷这样一种借贷模式——潜在客户需要了解到信用好就可以通过互联网借到钱。

其次，是抢占搜索。获客要抢占先机，即在网贷模式渐入人心后，宜人贷要力争成为借款人的首选平台。这一阶段，已经有相当规模的借贷群体主动在搜索页面上搜索"网贷""P2P"等关键词，或者主动在手机应用商店中搜索"手机借钱"，处于想要借钱的尝试时期。于是，宜人贷决定在搜索引擎方面下功夫，抢占搜索网站和应用商店的前排，力争第一个出现在潜在客户的面前。

再次，是合作获客。在宜人贷运营早期，其合作伙伴大多是各个银行的信用卡中心，这些机构面对的客户便是信用卡消费者。信用卡消费者具有一定的人群特征，他们拥有一定的财富积累，因而存在一定的理财需要，这一商机也引起了宜人贷的注意。"借贷固然重要，投资也是刚需。"在方以涵看来，不论是借款人还是出借人都是备具价值的客户群体。于是，宜人贷与其合作伙伴合作获客，积累了相当数量的优质出借人群体，为宜人财富的发展蓄力。

最后，是活动获客。活动获客又被称为O2O，即 Online to Offline（在线离线/线上到线下），是指将线下的商务机会与互联网结合，让互联网成为线下交易的平台。例如，宜人贷曾与华谊兄弟、星美影院展开送福利活动，为前去观影的用户送上宜人贷理财代金卡。有了代金卡，消费者只需要再投资 1 元，就可以参与宜人贷理财。又比如，宜人贷曾与卫视平台合作，在热播剧的大结局播出期间向观众送出红包礼金及宜人币，而宜人币可以用于在宜人贷平台购买相应的理财产品。

数据显示，O2O 模式的获客效果相当不错。究其原因，就在于通过不同的 O2O 场景创新获客，与传统粗放的"大流量"获客方式有着本质不同：宜人贷的定位，是面向城市白领的网贷平台，而无论是电影院还是热播剧平台，都是这个细分人群的主要"聚集地"。由此看来，O2O 创新形式的合作推广，确实有着吸引优质城市白领人群的特质。

这四种获客渠道不仅反映了宜人贷的营销能力，而且表现了宜人贷团队不输于人的洞察能力。只有数据和技术并不足够，获取"数据"之后需要形成有用的"信息"，再形成"客户洞察"，这是一个从 Data 到 Information 再到 Insight 的过程。在宜人贷团队看来，"很多公司有数据，数据到信息的能力也有一部分，但信息到客户洞察的能力就没有了。"

2. 科技驱动降低获客成本

在这一次宜人贷公布的财报数据中，有两个突出之处尤其引人注目。

第一，宜人贷的线上获客比重越来越高。财报显示，2017 年全年，宜人贷为 649154 位借款人促成借款总额 414.06 亿元人民币，72.9% 的借款人通过线上渠道获取，线上渠道促成借款金额的近 100% 来自移动端。同时，宜人贷为 592642 位出借人完成 480.74 亿元人民币的资金出借，出借行为 100% 通过公司的线上平台完成，其中 87% 通过移动端完成。

第二，宜人贷获客成本所占促成借款的比重降低。财报数据显示，2017 年各个季度内，宜人贷的销售费用占当期促成借款金额的比例较 2016 年同期数值均有所下降。宜人贷在财报中表示，销售费用占比的降低，也正是因为线上渠道获客效率提高。而这一比例在 2017 年第四季度出现小幅上升，也主要是由于宜人贷大力推动线上财富管理业务发展，导致出借人的获客费用有所增加。

在线上流量越来越贵的今天，不少网贷平台或者互金公司都开始反攻线下获取低成本流量，而宜人贷反而持续发力线上，而且获客成

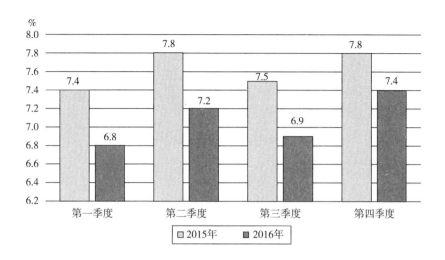

数据来源：宜人贷 2017 年各季度财务报告。

图4 销售费用占当期促成借款总额的比例

本占借款比例却越来越低。这是为何？

在方以涵看来，做到了科技驱动，线上获客的边际成本会比线下低。"高额借款不是高频服务，要最有效地找到你的目标客户，这些客户还要质量好，同时还要有借款意愿，就需要利用科技精准获客，这样才能提高转化率。"在充分并解析用户授权提供的电商网站及社交信息数据后，宜人贷蜂巢可以实现对客户的身份信息和信用状况的交叉验证。与传统的信审模式相比，通过蜂巢的数据分析进行判定，能够有效提升审核速度以及准确度，从而精准转向目标用户——优质白领群体。

不仅如此，宜人贷还自主研发了信用评分模型"宜人分"，进一步助益合理确定风险定价，有效提升额度匹配，从而实现更加公正精准的获客及授信。

宜人贷为宜人分设定了三大定位：多维性、智能性和标尺性。一

163

是受益于宜人贷多年的风险数据积累，宜人分的数据源维度非常广泛；二是宜人分应用的算法，能够对多维数据实现深度洞察，进而建立更加严谨且更具灵活性的信用模型，实现智能判断数据源质量、自动切换数据调取类别；三是聚合了宜人贷经过金融周期验证的多套信用模型，宜人分可通过统一的评分制度对不同渠道、不同产品的风险表现作出标准化的判断。

目前，基于宜人分评分模型，宜人贷将借款人的风险等级划分为五档：Ⅰ（790 分以上）、Ⅱ（750 ~ 790 分）、Ⅲ（720 ~ 750）、Ⅳ（690 ~ 720）、Ⅴ（640 ~ 690）。而宜人贷的目标客户，为宜人分 640 分以上的优质借款人。

实践证明，宜人贷的这一套信用评分模型，对于宜人贷的目标人群也就是城市白领的检索非常精准。2017 年第二季度，宜人分 700 分以上的用户借款促成金额占比超过七成。

五、YEP 共享平台前景如何

在当前合规化要求持续推进、互联网金融行业迎来严肃整顿期的背景下，宜人贷通过 YEP 共享平台与金融机构携手合作，对科技金融行业的积极有序发展而言有多重意义。

2018 年年中以来 P2P 平台失信事件密集发生，爆雷潮骇人听闻，对金融科技的用户信任基础大有动摇，用户信任度和使用黏性亟待加固。而此时，宜人贷作为金融科技头部平台赋能行业，能够帮助更多金融机构提升用户体验，并加固服务能力、风控能力和运营能力。

与此同时，传统金融机构也逐渐走到转型节点，有着提升大数据等金融科技能力的急切需要。宜人贷在此时开放金融科技能力，可以利用经验和技术帮传统金融机构规避转型风险，从而降低人力、物力、时间等成本。根据宜人贷 CEO 方以涵的解释，"YEP 共享平台对行业开放后，不符合宜人贷定位的客群，就可以转介给入驻 YEP 共享平台的企业，降低了行业的获客成本，有效地提升客户体验。我们还会通过 YEP 平台输出数据抓取和反欺诈的能力，提升整个行业的有效性。"

通过 YEP 金融科技共享平台，宜人贷已与包括银行、保险公司、消费金融公司在内的 70 余家机构就数据、风控、获客等方面达成合作。互联网头部公司百度、全球知名投行高盛以及全国三家互联网银行之一的新网银行等都是典型案例。

2018 年第二季度，宜人贷与百度联合推出"百宜贷"。事实上，借助百度庞大的搜索流量和需求场景，双方一直保持着在线上获客方面的合作。联合推出针对优质借款人的信贷产品"百宜贷"，是双方合作进一步加深的体现。

2018 年 6 月，宜人贷宣布获得高盛集团提供的 3.24 亿元资金，使用期限为 3 年，这是高盛在中国金融科技领域投出的第一单。具体而言，高盛将通过投资宜人贷的信托产品进行放款，并期待通过宜人贷 YEP 金融科技共享平台的值得信赖的风控能力得到令人满意的回报利率。这种合作形式在 P2P 平台拓宽机构资金方面创造了新的可能。

2018 年 7 月，宜人贷与新网银行宣布将通过 YEP 金融科技共享平台，在流量分发、数据积累与分析、智能营销、用户触达等方面通力合作，使得有效信息更定向和直接地投放给优质用户，以推动更高效率的营销和获客。合作上线后不到两个月，累计合作交易金额就接近 1 亿元。

同时，阿里、腾讯、百度等巨头已经证明，数据、技术等能力的对外输出对企业的长远发展更有裨益。对外开放金融科技能力，不仅能够提升企业经营业绩，更重要的是，对于金融科技平台的业务持续增长、保持竞争力而言，协同效应可以产生长期而强大的保障力量，这已经成为整个行业的共识。对于个人征信数据犹如信息孤岛的 P2P 行业更是如此，只有通过互相协同才有可能打破信息孤岛，实现信息互通。

"如果进展顺利，YEP 平台业务的发展会进一步优化宜人贷的收入结构。一个可能的趋势是，半年或者一年后的财报中，我们会看到平台业务在总营收中的贡献率再次加码。"方以涵说："市场需求很大，如何精准服务？宜人贷的方向就是：形成生态。今后，互金公司也必将更多地选择与金融机构合作，共同服务于那些未被满足的需求。"

上海银行：

搭乘直销银行　破局异地拓客

"1000万。" 2016年，上海银行直销银行确立了未来三年内需要达到的新客户数量的业绩指标。而在2015年，发展了一年多的直销银行的客户量仅有不到100万。

上海银行是一家由上海市国有股份、中资法人股份、外资股份及众多个人股份共同组成的新型的股份制商业银行，以服务地方经济、服务中小企业、服务市民为特色。上海银行原名上海城市合作银行，于1995年12月29日在98家原上海城市信用合作社和市联社的基础上合并发起设立。2000年，"上海城市合作银行"正式更名为"上海银行股份有限公司"。

上海银行一直走在创新的前沿，不仅是我国最早引入外资银行参股投资的银行，还是第一家设立跨省分支行的城商行。如今，上海银行已经建立覆盖长三角、珠三角、环渤海及中西部重点城市的网点架构，分支机构集中分布在相对富裕地区。根据上海银行2017年年度报告，截至报告期末，上海银行先后在宁波、南京、杭州、天津、成都、深圳、北京、苏州分别设立了分行，共有312家分支机构，设有558家自助服务点。

然而，对城商行异地扩张的严格监管仍然是现今城商行头上的一个"紧箍咒"。在利率市场化、互联网金融和监管的压力下，如何拓展渠道获取更多客户成为关系到城商行生存和发展的重要问题。对于上海银行来说，如何在很难在异地增设机构的情况下获得更多客源？搭载直销银行这辆快车或将成为一个破局的途径。

而在2016年，上海银行直销银行所面对的问题，则是要把直销银行这辆快车送上真正的快车道。

一、城商行： 从跑马圈地到戴上 "紧箍咒"

当前，我国城商行的业务过于集中在总部所在的城市，其跨区域发展能力较弱。这与城商行的历史背景有关。

20世纪90年代中期，城市商业银行在城市信用社的基础得以组建，城商行是在中国特殊历史条件下形成的，是中央金融主管部门整顿城市信用社、化解地方金融风险的产物。从当时的经济金融环境和防范风险的角度出发，城市商业银行在成立之初的经营活动被限制在所在城市。

自2006年银监会允许部分符合条件的城商行开设异地分支机构起，城商行异地扩张的监管经历了从放松到叫停再到适度放松的过程。

（一）松动阶段（2003—2010年）

2003年，上海银行最早启动跨区域发展战略，在对宁波地区进行大量市场调研分析的基础上，向人民银行申请到宁波开设分行，但当时人民银行对此无明确政策意见，这一计划暂时搁浅。2004 年，银监会批准四家城商行可以进行跨区域经营试点，并鼓励城商行按照市场规则和自愿原则实施联合重组，突破单个城市的限制，根据发展状况实现跨区域发展。同年 11 月，银监会发布了《城市商业银行监管与发展纲要》，明确了城商行的发展方向是重组改造和联合，并计划允许达到监管要求的城商行跨区域经营，在正式文件上肯定了城商行跨区域经营、上市等发展思路。2006 年，上海银行宁波分行挂牌开业，拉开了城商行跨省设立异地分支行的帷幕，并于 2010 年前后出现了集体快速扩张的局面。

2006 年，银监会下发《城市商业银行异地分支机构管理办法》（银监发〔2006〕12 号），文件采取"分而治之"的监管思路，明确鼓励有实力的城市商业银行通过收购、重组或直接设立分支机构等模式设立异地分支机构。2007 年，银监会在监管上对城商行进行同质同类监管。城商行获得与其他金融机构同等的权利，允许城市商业银行在异地设立分支机构。

当时，城商行通过急速扩张实现了迅速抢占市场份额的目标。2009 年 4 月，监管层发布《关于中小商业银行分支机构市场准入政策的调整意见（试行）》，支持城商行按照"三步走"原则建立分支机构网络，即先省内、后省外，先本经济区域、后跨经济区域，最后向全国辐射。城商行分支机构市场准入政策的调整、机构设立的放宽和简化，使得城商行规模扩张一再提速。

截至 2009 年末，有 42 家城商行设立了 115 家异地分行。2010 年的扩张速度更快，新开的异地分行的数量赶超之前总和，2010 年全年有 62 家城商行跨区域设立 103 家异地分支行（含筹建）。

（二）严监管时期（2011—2012 年）

在资产规模狂飙的同时，城商行信贷客户集中，异地经营成本高，抗风险能力低的不稳定因素引起了监管层的重视。城商行大规模"圈地"的行为引起了一定的争议，同时也出现了一系列违规事件，2010年末相继爆出一系列城商行内外勾结的违规案例。另外，更多的城商行还在酝酿更大的扩张方式，即上市。

2011 年"两会"后，监管层对当时正忙于跑马圈地的城商行下达了"刹车令"，除了个别小微专营支行外，各大小城商行只能在所属省区内开设分行，新支行的开设也仅限于已开的分行范围内。2012 年 6月，银监会官员在发言时去掉了城商行"全国性银行"的定位，监管层明确了城商行的市场定位，不再支持城商行进行跨区经营。

（三）略微松动时期（2013 年至今）

2013 年初，银监会在官方网站发布《中国银监会办公厅关于做好2013 年农村金融服务工作的通知》，允许城商行在辖内和周边经济紧密区申设分支机构，但不跨省区，抑制盲目扩张冲动。这意味着，尽管监管层对在"辖内和周边经济紧密区"设立分支机构的要求有所松动，但正式给城商行跨省异地扩张戴上了"紧箍咒"。2014 年，银监会二部发布《关于做好 2014 年中小商业银行分支机构发展规划相关工作的通知》，规定单一城市单年新设分行总数不超过 2 家，金融服务明显不足地区可适当放宽，并积极推动社区支行、小微支行的设立。此外，银监会还要求，中小商业银行应按照"定位社区、服务小微、规划先行、循序推进、均衡设置、持续经营"的原则，推动社区支行、小微支行设立，这表明城商行开设分支机构仅限于省内，省外扩张无望。由此，部分城商行重新开始了省内的积极布局。

二、上海银行突围： 探索 "新赛道"

2011 年是监管层对于城商行跨省扩张态度的转折之年。对于上海银行来说，这一年更为特殊：时任中投公司（CIC）副总经理范一飞兼任上海银行董事长。2011 年 7 月，金煜任上海银行行长，并于 8 月当选为上海银行董事、副董事长。

彼时，除了监管给城商行戴上的 "紧箍咒"，银行业还面临利率市场化所带来的规模效应 "失灵" 问题和互联网金融冲击带来的金融脱媒问题。因此，上海银行在 2012 年初制定并实施了 "精品银行战略"，并进行了自 2006 年以来第二次内部架构大调整：以 "专业化经营、精细化管理" 为主线，转型成为 "服务专业、品质卓越" 的精品银行，其中 2012—2014 年是首轮新三年战略规划，主要是加强成本管理、推进渠道转型。

这份三年规划既是有效应对利率市场化和金融脱媒化冲击的行动纲领，也是上海银行实现自我超越的一块基石。利率市场化后存贷款利差在近中期仍会保持平稳，但其间中小银行将面临较大压力，需要通过金融创新与差异化经营争取发展空间；互联网金融对商业银行而言并非洪水猛兽。投资银行、私人银行等复杂金融服务，无法完全移植到互联网上。面对互联网金融竞争，银行并不缺乏资本、人才、技术，缺的只是转型的决心。[①]

---

① 陈植，王芳艳．范一飞：利率市场化后 "存贷利差中期将保持平稳" ［J］. 21 世纪经济报道，2013 – 12 – 30.

总体而言，银行主要面临三方面的问题：一是自有金融产品无法满足互联网用户的投资需求，普遍缺乏低门槛、高灵活性且较高收益的理财产品；二是缺乏高效的互联网获客渠道，以及互联网运营方案和实施经验，获客和交易成本较高；三是缺少高频服务，平台活跃度低，金融理财产品（尤其是固定期限类）属于低频次交易产品，无法维持用户平台的活跃度，不利于客户留存和新产品推广。

以"余额宝"为代表的互联网金融挖掘到了国人与日俱增的理财需求，给银行业带来了深远的冲击。2013年6月，蚂蚁金服推出了"余额宝"，上线后短时间就达到了数百亿元规模，很多人认为这等于把数百亿元存款从银行搬到互联网。对于中小银行来说，这无疑是雪上加霜。

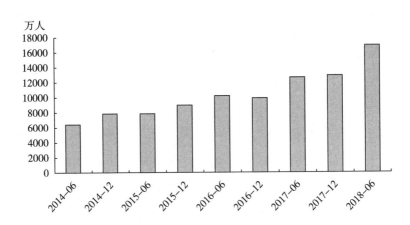

资料来源：长江证券研究所。

图1 互联网理财用户规模

上海银行在2014年加快了新一轮改革，以承接前期良好发展势头，并应对来自互联网金融的冲击。比如，新成立了资产管理部门，并将其定位为利润中心。此外，上海银行还进行了业务治理体系改革，涉

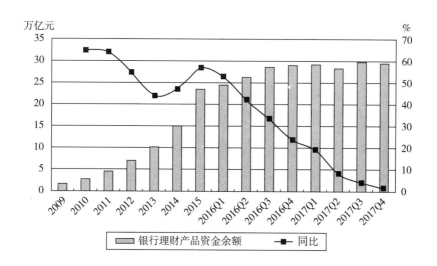

资料来源：Wind，太平洋证券研究院。

图 2　银行理财产品总规模及同比增长率（2009—2017 年）

及资管、信用卡、私人银行、投资银行、同业和在线直销银行。①

　　互联网金融的"鲇鱼效应"使得银行业的观念和方法得到了革新，在互联网精神的启发下，商业银行必须加快打破传统思维，不断提高市场反应速度，提升客户服务质量和效率。为了更好地应对挑战，商业银行必须作出变革。零售业务成为银行未来能否制胜的关键，而随着互联网技术的发展，直销银行作为两者的交集成为很多银行零售业务的重中之重。目前主要集中在股份制银行和城商行中。对于受限于网点数不足的中小银行来说，直销银行的推出，有望依托大数据等新技术，以更低成本、在更大范围内为目标客户提供精准服务。②

---

　　①　杨晓宴. 上海银行行长金煜升任董事长，前任范一飞已出任央行副行长 ［J］. 澎湃新闻，2015 - 02 - 28.

　　②　陈植，王芳艳. 范一飞：利率市场化后"存贷利差中期将保持平稳"［J］. 21 世纪经济报道，2013 - 12 - 30.

直销银行于 20 世纪 90 年代末诞生在北美及欧洲等经济发达国家，采用了新型运作模式。其业务拓展不以柜台为基础，几乎不需要设立实体业务网点，打破时间、地域、网点等限制，甚至不需要发放实体银行卡，是主要通过邮件、电话、传真、互联网等电子渠道提供金融产品和服务的银行经营模式和客户开发模式，能够为客户提供简单、透明、优惠的产品。通过 20 多年的发展，直销银行成为欧美发达资本市场成熟的银行运作模式之一。

不过，我国的直销银行尚处于起步阶段。2013 年，中国开启了直销银行的发展序幕，出现了一批行业先行者——2013 年 7 月，中国民生银行成立了直销银行部；同年 9 月，北京银行与荷兰 ING 集团合作推出直销银行。这些具有开创性的举措引领了后期直销银行爆发式的增长。从 2013 年算起，直销银行在中国已经发展了 5 年。直销银行的数量、用户数量在不断增加。

资料来源：易观。

图 3 日趋完善的直销银行产业链

直销银行线上运营、不受地域限制，可以拓宽营销渠道，成为中小银行布局实现弯道超车的有力武器。中小银行在发展过程中存在网点数量有限、跨地经营受限以及揽储压力大等问题。对于城商行来说，由于节省了大量的运营成本，直销银行能够以更高的存款利率及更低的服务费增加市场竞争力。

目前，中小银行尤其是城商行是发展直销银行的主力军，主要以争夺异地客户、跨行客户为主要目的。根据融360大数据研究院统计，截至2018年10月，在我国4000多家商业银行中共有96家直销银行仍以独立渠道正常运营，其中推出直销银行最多的是城商行，达59家，在该类银行中占比为44.03%。

表1　　　　　　　　各类银行推出直销银行服务的情况

银行类型	推出直销银行家数（家）	该类型银行总数（家）	在该类银行中的占比（%）
城商行	59	134	44.03
股份制商业银行	9	12	75.00
农商行	23	1172	1.96
民营银行	1	5	20.00
外资银行	2	17	11.76
村镇银行/农信社	2	39	5.13

资料来源：融360大数据研究院。

三、上海银行直销银行启航

2014年9月，上海银行在内部成立直销银行，于成立初期就被视为上海银行内部的战略任务。直销银行部最初的定位在于服务非网点客户，以发展行外及异地客户为主。这与服务于网点客户的手机银行截然不同。两者定位的不同避免了后续的内部竞争，而这类冲突在很多直销银行的发展中较为常见。

直销银行部起初是作为渠道管理部辖属二级部，到了 2015 年 6 月，为加快业务与科技融合，调整为信息技术部辖属二级部。初成立时，以在线理财销售为主。不过，国内银行售卖理财产品有"面签"的要求，《商业银行理财产品销售管理办法》第二十八条规定："商业银行应当在客户首次购买理财产品前在本行网点进行风险承受能力评估，评估结果告知客户，由客户签名确认后留存。"而第三方理财公司则游走在监管的真空地带，可以灵活售卖理财产品。

"面签"的要求主要是为了保护消费者利益。由于国内的银行理财存在隐性的刚性兑付的特征，同时，包括银行理财在内的国内资管产品的风险评级体系不够完善，投资者本身的风险承受能力与理财产品的风险级别无法对应清晰。"面签"能够更好地保证理财产品购买者身份的真实性，并且确认是本人购买。其目的在于核实客户身份、评测客户风险承受度，确保客户资金的安全。不过，这项要求意味着新客户无法在互联网上直接购买银行理财产品，还需要去银行网点进行风险测评。这在很大程度上阻碍了直销银行的发展。

受互联网金融冲击影响，商业银行"触网"的冲动不断加强，不过从部分商业银行线上理财被叫停的事件中可以看出，监管对于"面签"的要求没有放松。监管也曾尝试灵活执行"面签"原则。比如，银监会在公开场合中多次透露将银行理财产品进行分级的信号，并进行分类监管，将合适的产品销售给合适的投资者。在此基础上，银监会于 2014 年初曾拟试点银行资管计划实行"网签"，同时将 5 万元门槛降低至 1 万元，后来又将试点范围扩大到"部分理财产品"，多家银行上报了试点方案，但该试点最终又被暂停了。

此外，非标产品^①也不被监管所认可。监管认为非标产品将影响商业银行声誉，并且，银行体系无论是规模还是金融产品开发能力，远比基金公司和互联网企业强得多，一旦放开"面签"，可能会引起一系列威胁金融安全的连锁效应，并带来系统性风险。

因此，在当时国内的金融环境和监管约束下，直销银行能够售卖的理财产品基本只剩下标准化的理财产品，主要是基金、保险和一些证券中的集合产品。与其他非银行系的线上理财平台相比缺乏竞争性。

作为线上理财销售平台的直销银行，其销售业绩并未达到预期，在 APP 获客、理财产品的市场竞争力等方面面临困难，仅靠理财销售不能实现直销银行的价值创造。面对日益严酷的市场环境，直销银行亟须作出自己的战略选择，寻找生存和发展空间。

四、转型！　直销银行驶入快车道

面对直销银行遇到的发展困境，上海银行通过对业务发展现状与未来发展规划不断地深入分析与讨论，决定调整定位。

与此同时，监管层发布的一系列文件为直销银行的后续发展提供了支持。2015 年 7 月，中国人民银行等十部门联合发布《关于促进互联网金融健康发展的指导意见》，这是中国互联网金融行业的"基本法"，旨在鼓励银行进行互联网创新。直销银行"去实体化"特征明显，开户、转账、理财等业务均可在线完成，不受空间和时间限制，

---

① 非标全称是非标准化债权资产。按照银监会《关于规范商业银行理财业务投资运作有关问题的通知》（银监发〔2013〕8 号）中的定义：非标是指未在银行间市场及证券交易所市场交易的债权性资产。非标包括但不限于信贷资产、信托贷款、委托债权、承兑汇票、信用证、应收账款、各类受（收）益权、带回购条款的股权性融资等。

是银行业互联网创新的方向。

2015年12月25日，中国人民银行正式下发《关于改进个人银行账户服务 加强账户管理的通知》，规定银行建立账户分类管理的机制，直销银行属于Ⅱ类账户，这拓展了直销银行理财、消费及缴费支付等功能，为直销银行提供了良好的政策环境。在这样的背景下，上海银行直销银行迎来了新的发展机会。

如何才能获客？直接发展C端用户需要多年的积累。以直接发展C端用户的招商银行掌上生活为例，掌上生活的发展依托于招商银行的网点客户，经过多年积累搬到线上，加上招商银行是全国性银行，这对于上海银行来说并没有太多借鉴意义。权衡再三后，直销银行决定走B2B2C的发展路径。要抓住B端平台，必须从他们的角度来思考，了解其金融需求，才能提供匹配的金融服务。因此，转型后的直销银行将精力放在拓展B端平台上，再去服务C端客户。

经过思考和筹备，上海银行提出了"三年战略规划"。在确定了转型目标后，行内在渠道、产品、科技、人力资源等方面都加大了资源配置与倾斜，直销银行转型为互联网金融业务发展牵头组织及服务支持部门。

（一）重新定位直销银行

业务和产品端的创新，与组织架构和制度安排的科学性密不可分。直销银行挂在信息技术部下作为二级部门运作，主要是为了提高产品的开发效率。这与多数直销银行采用事业部制不同。

不同于传统部门管理方式，直销银行在银行内部是个独立的业务部门。直销银行这支科技团队是按业务产品领域组建团队小组，小组成员包括业务产品经理、科技管理经理、自主开发人员、外包开发人员。按照产品业务需求动态，配置和调节开发资源。

在人员配备上，直销银行试点配备专属开发团队，为了能实现直销银行产品的快速迭代，上海银行还成立了独立的软件开发部室，专门对口直销银行业务。该开发部室受信息技术部与在线直销银行部双线管理，且相关科技人员和直销银行业务共同参与业务需求评审准入。

在研发费用上，相关部门年初就会对年度内的项目和需求进行总体评估，申请年度总预算，推进新型互联网平台业务领域快速反应、研发和更新。在开发模式上，每个项目不需要繁杂的立项过程，这能更好应对互联网企业的迭代需求。

在管理制度和方法上，直销银行的科技开发采用了"管理敏捷"和"工程敏捷"，以实现"业务敏捷模式"。所谓"管理敏捷"主要是通过看板机制，每天公开醒目地反映人员、产品、投产预期在项目过程中的实际状况，并可在第一时间作出快速调整。"工程敏捷"是指通过持续投入研发力量，探索试点持续集成、自动化测试、Docker、灰度发布等技术。

作为一般经营部门，上海银行直销银行既要做好直销银行业务持续价值创造，又要做好行内部门业务互联网化创新的服务支撑。其盈利模式主要体现在两方面：一是通过不断深化互联网金融特色发展与合作模式，通过输出优质的在线金融服务，实现银行与合作伙伴的互利双赢。二是借助有效客户经营模式与体系及自有生态圈、优质金融产品与服务向客户的持续提供与销售，实现客户的价值创造。

这样的组织结构安排对于发展阶段的直销银行来说更具优势，方便各部门形成合力，推动后续业务的展开。

（二）主推 B2B2C 模式，获客效果超出预期

在确立了组织架构和制度安排后，直销银行开始进入了快速发展

阶段。从 2016 年开始，直销银行不断丰富其产品线，相继推出 ePay、e支付、e 小贷、e 理财、国际汇款五大类 13 小类产品体系。依托上海银行在国际业务上的优势，直销银行得以创新在线国际汇款业务，与多家境内外互联网平台建立合作，为零售客户及小微商户提供了便捷、快速的在线货币兑换、跨境汇出（汇入）汇款及出口电商收款服务，目前已为超过 22000 家小微商户提供了便捷服务。

此外，由于国内支付市场的巨大需求，直销银行打造了一款名为"万通支付平台"的互联网支付产品，该平台接通了主要的支付结算通路，包括中国人民银行、中国银联等，能实现本行、跨行多渠道、高效稳定的支付清算服务，具有智能路由、实时监控、风险控制等功能，形成具有优势的在线支付清算产品体系与能力，为各类互联网业务提供基础支付结算服务。

在技术成熟的基础上，直销银行首创了电子联名卡移动支付（ePay）业务。2016 年与京东金融达成合作，成功推出"白条闪付"电子联名卡。电子联名卡加载了银行的二类账户。联名卡将京东白条额度消费支付场景从京东商城的闭环消费，拓展到银联线上线下全渠道商户消费。此外，银行也能为账户上多余的资金配套理财服务。银行根据用户的消费记录，还能配套小额的贷款。上海银行直销银行认为，使用电子联名卡有助于改善现金贷的问题，现金贷最大的问题在于资金是否用于消费，电子联名卡的小额贷款不允许提现，只能放在二类账户里，用云闪付等工具支付，确保贷款资金用途。电子联名卡推出后获得了良好的市场反响。随后直销银行与其他知名电商平台、持牌消费金融公司机构达成合作。上海银行也因此成为了人民银行"移动支付便民示范工程"首批示范银行，以及首批入驻"银联云闪付"移动支付平台的银行。2017 年末，ePay 客户数达到 187.14 万，交易笔数

累计 1534.05 万笔，交易额累计 25.03 亿元。^①

而在中小银行中，上海银行较早采用 B2B2C 模式发展直销银行，通过与大型集团企业、电商类平台以及互联网综合金融服务平台合作，力图打造"互联网 + 行业 + 平台"的金融服务创新平台。围绕"电商类平台""互联网综合金融服务平台""特定行业场景的核心集团企业"目标市场客户，直销银行开展了支付结算、财富管理、消费贷款等各项金融服务合作，这极大地带动了上海银行的获客、业务规模和利润。截至 2016 年末，直销银行中用户数量突破 500 万户大关的有上海银行和民生银行。其中，上海银行直销银行更是达到 800 万户的高点。这意味着从 B 端入手批量获客、形成公私业务联动的设想已经实现。

到了 2017 年，直销银行的资产负债业务成为新增长点。产品线的进一步丰富带动互联网贷款余额、间接存款余额快速增长。此外，理财产品销售额相较 2016 年底增长近 2 倍。2017 年上半年中收较 2016 年底增长 2.26 倍，其中理财代销、支付清算占比逾 85%。

截至 2018 年第三季度末，线上个人获客数达到 1740 万，其中非分行所在地客户数占比超过 92%^②，二三类账户绑定银行卡非上海银行卡占比超过 99.5%，这意味着直销银行的客户与网点的客户几乎不重合，获客突破了原来的地域和网点限制，实现了办理直销银行的初衷。同时，近 150 万分行所在地客户中，累计转化信用卡、Ⅰ 类借记卡客户超过 12 万户，线上客户向线下客户转化也获得了一定成效。

"B2B2C 模式"对于上海银行的在线金融发展来说，是一个很好的

---

① 数据来源：《上海银行 2017 年年报》。

② 宋鸿．在线获客数量超千万 上海银行数字化战略转型彰显新格局 ［N］．投资者报，2018 - 05 - 21.

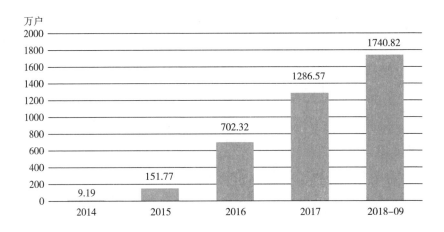

资料来源：上海银行。

图 4　直销银行客户发展情况

突破方向。而对于类似上海银行这类中型银行而言，直销银行模式确实是发展业务的优异的方式。

五、未来展望：挑战与应对

尽管成绩喜人，不过上海银行直销银行也面临着同质化竞争、产品与服务以及监管政策等方面的挑战。

2017 年 1 月 5 日，中信银行发布公告称，该行与百度公司接到银监会批复，同意在北京市筹建中信百信银行股份有限公司，类别为有限牌照商业银行，这标志着国内独立法人运作模式的直销银行正式浮出水面。这也引发了业内新一轮对直销银行业务模式的探寻，各方都希望能将直销银行打造成自有的差异化的核心竞争力。

对此，上海银行直销银行表示，没有独立的直销银行的牌照并不阻碍直销银行业务的发展。百度和中信能够合作，原因在于百度拥有场景、流量，中信具有银行牌照，两者结合应该可以做得很好。银行没有必要百分之百出资成立直销银行，因为银行本身也可以做这件事情。因此，不一定要成立独立法人的直销银行，应该寻找一个具有流量或者特定场景的，并且在这个场景下做得不错的非金融企业进行合作，才能打造好生态圈中的金融服务。仅仅申请一个牌照更多的是牌照本身的聊胜于无。

2017 年，国有五大行各自与互联网巨头公司建立战略合作关系，业内认为这标志着银行业已经全面进入开放融合时代。而随着同业直销银行开始着力打造互联网金融服务能力，与互联网平台开展深入合作，以实现金融服务与互联网化的场景融合与创新，同业市场的竞争日趋激烈。

面对日益白热化的同质化竞争，上海银行直销银行团队依然保持乐观。尽管目前对 B 端的依存度较高，但在后续合作中，团队被 B 端踢出局的风险却不高。因为与其他直销银行相比，直销银行在 B2B2C 的发展模式上有着先发优势，这是一道很深的护城河。自 2016 年转型，经过近 3 年的发展与合作，上海银行直销银行与超过百家平台实现了成功应用及合作，截至 2018 年 9 月，与京东、美团、滴滴、唯品会、招联消费金融、马上消费金融等知名行业平台企业建立合作关系。[①] 针对互联网业态中金融服务需求的痛点，直销银行将各项金融服务融合到 B 端目标市场客户的生态圈中，实现了银行、平台及 C 端客户的多赢。

这种帮助经营 B 端目标市场用户的定位，使得直销银行与 B 端平台有了长远合作的共识。随着合作的不断深入和内容的不断丰富，双

---

① 宋鸿 . 在线获客数量超千万 上海银行数字化战略转型彰显新格局［N］. 投资者报，2018 – 05 – 21。

方合作的黏性得到了加强。此外，通过合作，直销银行也能积累更多的用户数据，进而提供进一步的金融服务，例如直接给用户发放信用贷款及销售各类金融产品。

针对银行系和互联网巨头的合作，上海银行副行长胡德斌提出[①]，上海银行还需要加强金融科技建设，尝试与外部机构合作成立联合实验室；结合上海银行的数据和外部场景，整合内外资源，优化服务系统；进一步拓展新的金融服务场景、提升精细化管理水平、提供更贴心的客户服务。直销银行还需要进一步拓展支付和消费场景，通过与外部合作，深耕几个场景，形成特色化和专业化。

此外，在监管政策方面，随着资管新规、银行理财新规、货基新规等一系列监管法规的发布，银行互联网金融业务有了较大的不确定性，如货币基金 T+0 单日赎回限额为 1 万元[②]，对整个行业的货基销售带来较大影响；在产品与服务方面，直销银行也面临着业务和产品不够丰富的问题，随着业务的开展，线上客群与场景将对线上金融服务体验提出更高的要求。

关于应对方式，上海银行直销银行表示，未来将继续坚持"创新"属性，聚焦业务特色塑造，在建立在线金融产品、行业解决方案这两个方面下功夫，此外也会持续推进客户、产品与服务的价值创造，提

---

① 上海银行科技金融驶入快车道，大数据助力直销银行升级 ［N］. 21 世纪经济报道，2017 - 12 - 19.

② 2018 年 6 月 1 日，中国证监会与中国人民银行联合发布《关于进一步规范货币市场基金互联网销售、赎回相关服务的指导意见》，对互联网货币基金提出了系统性的规范要求。该指导意见指出，自 2018 年 6 月 1 日起，对"T+0 赎回提现"实施限额管理。对单个投资者持有的单只货币市场基金，设定在单一基金销售机构单日不高于 1 万元的"T+0 赎回提现"额度上限。投资者按合同约定的正常赎回不受影响。

根据要求，新开展的"T+0 赎回提现业务"必须执行上述限额规定。但考虑行业机构落实指导意见要求需要一定时间，该指导意见对改造存量业务额度上限给予 1 个月的过渡期，也即在 7 月 1 日前，相关机构应当按要求完成规范整改，在过渡期内实现货币基金 T+0 快速赎回最高 1 万元。

升市场的核心竞争力。尽管直销银行的用户数量位居行业前列，但其用户活跃度、黏性还有待挖掘。因此，上海银行直销银行有意放缓了 C 端的获客步伐，转而重点经营现有的存量客户。截至 2018 年 9 月，直销银行的客户数接近 1700 万，活跃客户（指一年有三次交易，不包括查询类业务的客户）数量接近 500 万。如果能够将 C 端经营好，包括线下客户转换、交叉销售等，那么 2017 年才开始盈利的、有着更高客户数量的直销银行业务有望迎来新一轮的增长。如何盘活现有客户、挖掘出高净值客户，成了今后工作的重点。

此外，上海银行还希望能进一步与 O2O 企业发展更深层次的合作。从直销银行业务的发展来看，既有线上又有线下的 O2O 类型的企业更受关注。纯线上的平台周期性过于明显，具有不确定性。线上线下兼顾的企业更大程度上能够防范风险。例如与中国电信甜橙金融开展的场景化理财合作，为其用户提供优质互联网理财服务。未来更希望可以依靠电信线下的网点来解决"面签"、反欺诈和身份识别的问题，更好地发展 C 端用户。

未来，服务好现有存量客户和进一步深化银企合作是上海银行直销银行的工作重点。其负责人强调："做直销银行，千万不要去做超出银行本身能力和属性的业务，在互联网金融业务中就应该把银行本职工作做好做深做透，这个本职工作就是存贷汇，存贷汇的服务做好了，银行的生意自然就会来。"

通付盾：

让金融更安全的数字化解决方案

近几年来，每当"6·18"、"双11"、"双12"等电商节来临之际，各种领取消费红包、优惠券的活动便接踵而来。此外，像O2O平台补贴措施，互金平台加息、红包的推广活动，各类平台的"烧钱营销"大战也如火如荼地进行着。

除真正的消费者外，对上述福利虎视眈眈的还有数量繁多的"羊毛党"。他们通过各种论坛、QQ群、微信群等工具扩散着各平台的"羊毛"信息，不放过任何一个"薅羊毛"的机会。现如今，"羊毛党"已经形成了分工明确、上中下游紧密协作的黑灰产业链，且绝大部分面向云业务和移动应用等形态。

"羊毛党"团伙规模庞大，对企业安全、公民信息安全乃至社会安全都产生了一定的危害。一方面，让各商家重金投入市场推广活动，但不能惠及真正的目标客户群体，无法达到拉新和促进销售的作用，使企业遭受重大的损失；另一方面，技术武装起来的部分"羊毛党"，通过非法盗取个人信息和财产账号、对企业网站进行攻击并建立钓鱼网站等手段，对个人和企业的隐私与财产安全造成了巨大的威胁。

通付盾创始人兼 CEO 汪德嘉博士在他编写的《身份危机》一书中写道："当发生敏感、受保护或机密数据可能被未经授权的个人查看、偷窃或者使用的事件时，即可定义为数据泄露。"书中提到，2017 年 4 月全球知名的洲际酒店集团（IHG）发生了涉及旗下超过 1000 家酒店的信用卡数据泄露事件，客户在这些酒店进行信用卡支付后，包括信用卡号码、有效期、内部验证码、持卡人姓名等信息都有被泄露的风险；而在同年的 9 月，美国征信机构 Equifax 的数据库遭受到攻击，将近 1.43 亿美国人的个人信息可能泄露，这几乎接近当时美国人口总数的一半。

无独有偶的是国内也发生过类似的严重数据泄露事件，2018 年，华住酒店集团旗下连锁酒店的用户数据疑似发生泄露，5 亿条数据信息被打包出售。被泄露的数据包含华住旗下汉庭、诺富特、桔子、全季、宜必思等 10 余个品牌酒店的住客信息，这也成为了国内历史上最严重的个人信息泄露事件。

汪德嘉还在书中还写道："这些触目惊心的安全事件，时刻提醒着我们亟待加强互联网安全技术的研究和应用，切实保护网民、企业、国家的网络财产不受侵犯。"通付盾正是在这一使命的引导下，由汪德嘉于 2011 年开启了信息科技创业之路。

一、数学博士的归国创业之路

（一）高起点的开始

汪德嘉从威斯康星大学麦迪逊分校获得博士学位后，在美国参与了几家数据分析公司的早期创业，产品和服务主要应用于零售业、金融业，所参与的早期创业公司先后被 Oracle、VISA 等世界 500 强巨头收购。

2008 年，汪德嘉在解决在线游戏微交易中的欺诈问题时发现，几美元的小额交易之间存在的问题，传统支付公司很难覆盖。欺诈分子可以通过多次交易，将在线游戏的微交易发展成其洗钱的一个渠道。而设备指纹这个技术非常有效地解决了使用代理伪装 IP 等问题。

所谓设备指纹，指的是可唯一标识出某部设备的设备特征或者独特的设备标识。对于手机，每个 SIM 卡都对应着唯一的 IMEI 编码；对于电脑，无论是有线网卡还是无线网卡，在生产过程中都会被赋予唯一的 MAC 地址。之所以命名为设备指纹，是因为人的指纹具有唯一性，所以可以作为人的身份标识，因此设备的"指纹"也可以用作辨别设备的唯一特征。

有趣的是，作为数学博士，汪德嘉一向以理性著称，然而归国创业之路却是从一场感性的歌剧开始的。2008 年，汪德嘉在北京观看了歌剧《图兰朵》后让同样也是文艺爱好者的他始觉甘之如饴。这亦解释了其第一次在美国自主创业时命名公司为图兰朵的缘由，"我之所以取这个名字，是因为产品其实就是一门艺术"，汪德嘉说。

图兰朵起初作为一家企业咨询公司，接触并见证了国内互联网时代的发展与崛起，当时，已是电商巨头的阿里也在探索将设备指纹用于反欺诈领域。在与美国著名的反欺诈公司 Threat Metrix 的合作未达到理想效果时，汪德嘉凭借其在反欺诈技术领域的研究与经验，适时抓到了这一机会，阿里项目的橄榄枝亦成为汪德嘉回国创业的契机与转折点。通付盾应运而生，设备指纹技术首次正式进入国内。

然而，设备指纹技术在国内落地并非易事，国内移动互联和智能设备领域的发展与美国不相上下，甚至有些细分领域还要更超前，加之中美网络环境截然不同，在美国现成的经验并不能完全适应国内的发展状况。

以网络浏览器为例，美国市场主要是 Windows 系统下的微软 IE 浏览器和 Edge 浏览器、谷歌 Chrome 浏览器、苹果 Mac OS 的 Safari 浏览器，以及支持多种操作系统的 Firefox 浏览器五种主流浏览器占据市场。反观国内市场，各种修改版、简化版、定制版浏览器五花八门。在手机设备方面，美国市场苹果手机一家独大，而国内手机市场从品牌到配置则更是百花齐放。

但经过汪德嘉及团队的不断努力，如今设备指纹技术已经可以通过多维度的数据识别出任何一台电子设备，如果该设备被他人"劫持"想进行任何非正常操作，都将会被发现。此项技术在阿里正式应用之后，标志着通付盾正式在安全圈扬帆起航。据统计，截至 2018 年底，通付盾掌握的设备指纹标本已高达十几亿个。

| 2011 | 2012 | 2013 | 2014 |

通付盾成立，确立以"网籍库"为核心的反欺诈产品的发展方向 | 首次推出通付盾 PC设备指纹 | 北京通付盾成立，初步确立"北京+苏州"双中心。核心技术"时空码"研发成功，并首次应用于银行 | 确立了以身份认证、反欺诈和移动安全为主体的"三位一体"产品体系

图1　通付盾 2011 年至 2014 年发展历程

对于公司一创立就和阿里这样的行业巨头合作，艾婉婷认为，虽然有技术和实力上不对等的状况，但对于一家创业公司来说，还是有三个方面显著益处的。第一，头部企业对服务商的要求肯定要高于业

界平均水平，这种高品质要求对于创业企业更是一种促进，加速了企业自身的进化；第二，阿里拥有当时国内最丰富的移动互联网业务场景，这对通付盾的产品就提出了更高的考验，通过这样的考验之后，面对市场上其他客户业务场景的挑战，团队也能应对自如；第三，通付盾与阿里的合作也提升了团队的士气和自信心，这种自信正好也是一支创业型队伍所需要的，整个公司的创业团队也得到了很好的锻炼。

（二）弯路与重生

没有一家创业公司的发展是一帆风顺的，汪德嘉坦言，通付盾走过一些弯路。2013 年公司涉足移动支付领域，但与支付宝及微信支付PK，无异于以卵击石，加之 2014 年二维码支付的暂停使通付盾在支付领域的发展画上了句号。

上文提到的"2014 年二维码支付暂停"，指的是 2014 年 3 月下发的《中国人民银行支付结算司关于暂停支付宝公司线下条码（二维码）支付等业务意见的函》，叫停支付宝、腾讯的虚拟信用卡产品，同时叫停的还有条码（二维码）支付等面对面支付服务。出台上述政策，主要还是监管机构认为当时的二维码支付的安全性尚存质疑，存在一定支付风险隐患，该类业务的合规性、安全性还需要进行总体评估。

从 2017 年起，二维码支付业务的政策环境日益完善。2017 年 12 月 27 日发布了《中国人民银行条码支付业务规范（试行）》，并从 2018 年 4 月 1 日起将所有的静态扫码支付单日限额设置为 500 元。再加上支付宝和微信支付等第三方支付巨头，通过改造扫码流程、加大补贴力度等方式推广这一支付方式，二维码支付已经成为了人们日常生活中线下小额支付的主要方式。

但这些都是后话。2014 年，通付盾在内外部原因的综合作用下，经历了自公司创立以来最为艰难的一年。汪德嘉回忆起那段时期，动情地说："通付盾是从'死人堆'里爬出来的，2014 年我们差一点死掉了，在融资不顺的困境下甚至把房子也抵押了出去。"

分支机构扩展，形成集团化格局；获得多项身份认证、应用加固、人工智能反欺诈相关发明专利授权；"网籍库"设备量首次突破百亿，黑名单设备库达千万级；加入中国支付清算协会，承建小微金融风险信息共享平台

设立"苏州通付盾蓝海投资中心"，孵化多个信息安全及大数据应用项目；确立了以应用风险防护、账号风险防护、欺诈风险防护及信用风险防护为主体的云服务体系；发布态势感知平台和 VMP 保护产品

成为国内首家在非银行支付场景中通过工信部数据服务合规性测试的企业，当选中国支付清算协会反欺诈工作委员会常委单位，成为中国人民银行金融科技专业委员会成员单位

图 2 通付盾 2015 年至 2017 年发展历程

弯路过后，通付盾重回安全领域，聚焦移动安全、账号安全和业务安全。至此，企业的技术产品及发展模式开始规范和清晰起来。公司深扎技术，不骄不躁，客户的数量和收入稳步上升，企业发展实现了从 0 到 1 的突破。

总结前期经验教训，通付盾 2016 年的口号是归零、聚焦和奔跑，归零是端正心态，聚焦是提高产品质量做标准化，奔跑是提高运营效率。汪德嘉表示："在确立了以身份认证、反欺诈、移动安全为主的产品体系之后，公司在 2014 年到 2017 年间，工作重心放在了技术、体系创新及获取资质与认证，并通过与 B 端客户的合作，打造入口和拓宽应用场景。"

截至 2018 年底，通付盾成功获得"武器装备科研生产单位保密资格"、信息安全风险评估一级服务资质、信息安全应急处理三级服务资质、中国信息安全测评中心 EAL3 级等重量级资质与认证，同时成为国家安全部信息安全测评中心供应商、军民融合信息安防集采平台供应商、国家信息安全漏洞库（CNNVD）技术支撑单位等。

（三）竞争与挑战

作为一家技术密集型的金融科技企业，通付盾成立至今面临的最大挑战来自知识产权保护领域。汪德嘉表示："搞技术的公司，除了专注于研究，还要高度重视知识产权的积累和保护。"截至 2018 年底，通付盾共提交发明专利 94 项，授权发明专利 9 项，在身份认证、反欺诈、移动安全、信用认证与应用四个方向上进行全面持续的专利布局。

在炙手可热的区块链领域，由全球著名知识产权产业媒体 IPRdaily 联合 inco Pat 创新指数研究中心发布的"2017 全球区块链企业专利排行榜（前 100 名）"中，通付盾的区块链专利数量排名全球第七位。

在信息安全市场专业新媒体——安全牛于 2019 年 1 月发布的"网络安全行业全景图"中，通付盾在安全领域主要涉及三个业务领域：身份认证、移动应用安全、在线业务安全与反欺诈。在这些细分业务领域，通付盾面临着网易易盾、梆梆安全、同盾、邦盛科技、顶象技术等知名企业的竞争。

在大数据风控领域，国内较为知名的是"Capital One"系。这家美国知名的金融集团，成为互联网金融行业里信贷业务和风控领域的"黄埔军校"。"Capital One 是从传统金融机构的信用卡部门发展而来的，有着丰富的金融业务经验积累，他们的风控模型更多是在此基础之上形成的"，汪德嘉在对比分析两种风控流派时表示："通付盾是以技术起家的公司，优势更多地集中在机器学习、神经网络等技术环节。"当然，黑猫白猫都要靠抓住耗子来判定谁是好猫，"流派"不重要，能够真正降低信贷业务的坏账率才能在该领域的市场竞争中脱颖而出。

二、以数字身份为核心的数字化安全框架体系

通付盾目前的拳头产品——风险决策系统，是基于设备指纹、深度学习、关系图谱等技术的全方位业务风险防控平台。"我们希望将这一平台打造成为银行的第二核心系统"，汪德嘉介绍说："目前，银行积累了海量的用户财务数据和行为数据。除了银行自身的核心系统之外，如何让这些数据的处理和分析过程更符合监管部门对隐私保护的相关规定，怎样将这些数据进行融合与利用，这都是我们将重点发力的领域。"

汪德嘉还表示："我们认为，通付盾的风险决策系统实际上是以数字身份为核心的数字化安全框架，它更符合现在市场的需求和变化。"目前，风险决策系统可以进行客户特征的精准分析，帮助区分客户群体，有针对性地制定营销策略，提高营销效率。系统还提供了大数据关系图谱分析工具，对风险数据进行关联分析，协助风控人员更加高效地进行反欺诈工作。

（一）以设备指纹技术为基础的营销反欺诈

营销反欺诈主要防范的，除了本文一开始提到的"羊毛党"之外，还有"黄牛党"。以往，大家印象里的黄牛多集中在线下，他们长期活跃在医院的挂号窗口和火车站的售票窗口前。而如今，黄牛也插上了互联网的翅膀，并且飞得更高。汪德嘉认为："传统的'线下获取＋线下倒卖'的黄牛党模式，正在被互联网颠覆，现在已形成'软件获

取—非法囤积—平台销售—网络支付'新链条，且利益捆绑严密。"

在众多银行和互金平台开始大规模利用手机 APP、微信公众号等移动互联网渠道开展市场营销推广活动的今天，"羊毛党"和"黄牛党"的存在已经不只影响电商平台的业务生态。

一方面，针对低价、秒杀爆品的刷单行为，使真实客户无法享受到优惠，影响用户体验的公平性；另一方面，虚假交易记录对客户的消费选择造成极大干扰。除此之外，上述行为还带来了诸多欺诈风险，更为严重的是网站漏洞、移动 APP 漏洞等平台风险，会威胁到客户的资金安全。

"除了指纹、眼膜外，一个人走路的姿势、面部的表情，也是独一无二的生物特征，可作为识别一个人的数据"，汪德嘉说："通付盾反黄牛的技术核心，就是设备指纹。"

通过多维度信息，来记录一台设备的行为轨迹，形成唯一的 ID，相当于是设备的"指纹"，如果该设备出现任何非法操作，将被发现。这也就意味着，如果黄牛试图用不同的姓名、身份信息来非法获利将被发现。表面上看，通付盾是定位的设备，其实是定位了设备后面的人，进行了"在线身份识别"。

除了利用设备指纹来解决"你是你"的问题之外，通付盾还针对营销反欺诈中常见的三大问题提供了针对性的解决方案。

1. 撞库登录

撞库登录这里面的"库"，就是指网站或者 APP 的用户认证数据库，一般都会有用户名、密码、用来找回密码的邮箱及手机号等；而所谓的"撞"，就是不法分子通过各种渠道获得遭泄露的个人数据，在其他的网站和 APP 上尝试登录，并进一步实施网络诈骗或转移资金。

一般来说，用户从某些渠道泄露的数据不会是全部个人信息，但是通过数据关联分析，就可以得到用户的全部相关数据。特别是对于普通人来说，注册账号可能使用的用户名、密码都具有高度的相似性。甚至为了便于记忆，可能会全部都设置一样。另外，在某些特别的应用中，要求实名制注册，这样就会使用身份证、手机号来注册账号，这些用户名具有先天一致性。另外，目前很多账号都采用手机短信验证码作为找回密码和快捷登录的唯一方式，这也同样带来了安全隐患。

通付盾通过包括滑动验证技术、HUE 多分子身份认证等技术，形成多层次的纵深多重账户防护体系。有效协助网上银行、手机银行平台及时发现银行卡信息泄露、批量盗卡、异常交易等异常情况，识别和拒绝高危的账户登录行为，及时阻断盗卡盗刷等行为，降低不法分子操作账户的成功率。

同时，纵深多重账户防护体系一方面规避了以手机短信作为持卡人唯一身份识别方式带来的安全隐患；另一方面，在不降低安全系数的同时，不再需要 U 盾等硬件设备，解决了硬件设备容易遗忘、丢失和不便携带的问题。

对于正常交易客户，上述多重账户防护体系一直是"默默的保护"，并不增加客户操作难度，客户体验极佳；而在遇见批发商、黄牛党，就立刻切换到"全副武装"状态。

2. 垃圾注册与恶意刷单

垃圾注册与恶意刷单，是指在平台或者某项推广活动上线之初，不法分子使用自动程序、垃圾小号、手机黑卡等方式批量注册账号，供后续营销作弊使用。之后再通过这些账户在同一商家交易，通过恶意下单获取平台补贴，这种虚假交易给商户及平台都带来负面影响或经济损失。

通付盾通过设备指纹技术、机器行为识别和交易数据分析，及时监测到用户垃圾注册、恶意刷单等行为，提醒平台采取拒绝注册和拒绝交易等操作，保障促销推广活动正常运行。

以中信银行举行的"幸福摩天轮"手机银行营销推广活动为例。该活动基于微信平台展开，转发好友获奖，无需验证手机号码和关注官方微信账号；奖品是方便转卖的手机话费券，此类奖品更受欺诈分子欢迎；同时，还要求银行员工必须对活动进行推广，以转发数量纳入绩效考核。

绩效考核的压力造成了银行系统内部员工主动的绩效作弊行为，同时普通用户可以通过更换手机号码增加获奖概率，而这些手工刷奖用户显然并不是本次活动的目标客户。上述细节上的瑕疵，导致活动在上线24小时之内就被刷走了2.5万份奖品，占比超过设定奖品数量的70%，活动只能被迫暂停。

针对上述问题，通付盾结合设备指纹技术，在数据分析的基础上，通过建立全面的规则引擎来实现欺诈风险的实时预警。

（1）建立的业务控制规则主要针对手工刷奖环节，限制同一台设备在一周时间内最多只能中奖五次，防止同一用户多次重复手工刷奖。

（2）参数控制规则主要针对抽奖环节，对于直接访问抽奖接口且短时间内多次操作，按照一定规则标记为恶意操作，直接加入黑名单。

（3）针对注册、登录、刷奖等环节的规则，对比相关参数之间的相似程度。比如11位的手机号码中除最后一位之外的其他数字都相同，且两个号码在20分钟之内都有访问过，那么即有欺诈嫌疑。两个号码在一定时间内都不允许进行登录、刷奖等操作。

（4）对设备进行信誉管理，这里的信誉值就相当于客户的信用分。客户的账号、IP地址、设备指纹等信息都赋予一定的初始分值。分值随着客户的操作是否为恶意动态变化，每拒绝一次分值降低 0.05，直到该客户总分值累积减为零，防止欺诈客户对系统的多次试探。

（5）对已识别为刷奖行为的客户，对于已经被发现伪造设备信息等欺诈行为的客户，增加一个处置标签并与银行业务系统联动，对其只显示没有中奖的静态页面。防止该客户变化欺诈策略再次刷奖，加重整个系统的负担。

为中信银行提供的营销反欺诈服务，仅仅上线一周的时间，就有效拦截了 1525083 次欺诈访问，挽回直接经济损失近 100 万元。为中信银行节省了营销成本，提高了营销效果。

基于设备指纹技术和一系列的解决方案，通付盾还帮助中国建设银行完善营销反欺诈风险防控体系，从事前、事中、事后阻断营销风险。

（二）银行全方位业务风险防控系统

"银行的需求也是不同的，大银行更多的需求是安全类产品，特别是针对一些新出现的互联网应用场景，例如营销类的反欺诈"，汪德嘉表示："而像农商行这样的小银行，最开始需要的是像生物识别系统、信贷管理系统这样单独的产品。但随着机构自身的发展和业务的扩展，就会需要一套完整的风险防控系统，这也是整个市场最新的变化。"

说起具体的应用案例，汪德嘉介绍说："通付盾为广东农信提供的就是这样的风险防控系统，从技术层面和业务层面提供真正的数字化安全服务。"

广东省农村信用社联合社由广东省内 4 家地市级信用联社和 95 家县级信用联社合并而来。之前，对于移动互联网时代电子银行和手机银行的安全防范，处于比较初级的水平。

1. 技术层面风险

技术风险主要针对平台的安全风险，这也是银行操作风险中非常重要的组成部分。随着操作风险对银行的安全威胁日益严重，网站漏洞、移动 APP 漏洞或业务流程漏洞等平台风险在整个银行的风控体系中愈发重要。一旦漏洞被不法分子利用，很有可能会导致银行数据库数据（包括客户信息、银行卡信息、支付信息等敏感信息）全面泄露。

对此，通付盾采用了应用检测、应用加固等技术手段来防范这方面的风险。通付盾与银行在这方面的合作已有很多成功案例，包括为交通银行、苏州银行、汉口银行等提供移动应用安全检测、安全加固及信息安全培训等服务，全面保障银行移动交易平台的安全性。

除此之外，广东农信之前没有钓鱼网站和仿冒 APP 的监测手段，无法达到相应的监管要求，因此，广东农信亟须建设全渠道的监测系统，实现对钓鱼网站和仿冒 APP 的主动监测和关停。

通付盾为广东农信提供的"全渠道应用监测"每天对应用市场进行多次全面扫描，实时监测全网移动应用的漏洞分布、内容违规、盗版仿冒以及恶意行为等信息。通过抓取分类、入库存储和初步分析等步骤，从地域、渠道、行业等多维度对数据进行深度挖掘，准确反映全网 APP 的安全态势。

2. 业务层面风险

在业务层面，广东农信首先提出的是实现手机银行在免外设的状态下，保证 50 万元以内的大额资金交易安全便捷。通付盾将自身的 HUE 多因子身份认证技术与银行自建的认证机制结合，以满足这一需求。

通付盾的 HUE 多因子身份认证产品，运用设备指纹、时空码、人脸识别等多项安全专利技术，同时采用数字签名等技术体系，实现了安全扫码、生物特征识别等在内的多种身份认证方式，客户只需用手机、平板等移动设备即可完成身份认证和电子签名。

除此之外，为了应对不法分子不断提升的欺诈水平，以及快速迭代的专业化和智能化的欺诈手段，广东农信还需要建设更为完善的大数据风险防控平台，阻断各类欺诈风险。

通付盾建设的这一平台主要包含两部分，以数据汇集和数据管理为主的数据基础平台，以风险监测、预警、处置为主的风控平台。该平台可为银行不同业务提供风控支撑，并实现对各业务全生命周期的覆盖，实现与业务系统的无缝对接。面对可能的客户欺诈风险和信用风险，银行的业务系统在业务发生时可以调用大数据风控平台的统一接口，识别欺诈行为、展示用户真实信用状况、降低业务风险水平。

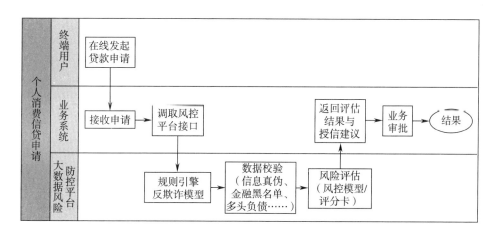

图3　针对个人信贷申请的大数据风控流程

对于这套大数据风险防控平台，汪德嘉表示："平台的风险决策引擎，最大的优势就是高度语义化。"语义化就是不用专业的开发人员编写复杂的程序代码，直接用正常的语言来描述，如"2 小时之内相距不到500 公里的交易，都是异常风险交易"，这个规则就可以顺利应用到风险决策引擎上。

（三）基于全方位解决方案体系的更深层次创新

2018 年，在针对不同风险类型的全方位解决方案体系——通付盾风险决策系统基础之上，通付盾又进行了更深层次的产品创新。

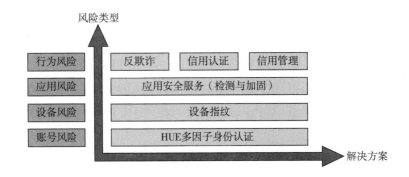

图4　通付盾针对不同类型风险的解决方案体系

新推出的"量子码"技术包含三大核心功能：纠缠感知、动态生成保护、自适应防护。量子力学中的不可观测原理，指的是粒子的位置具有不确定性；量子纠缠则是指几个粒子在相互作用后，已经综合为一个整体，无法再单独分析某个粒子的特性。

"量子码"技术正是由上述原理启发，将终端安全防护由事前、静态防护，全面升级等标准流程，升级为动态分析、自适应、不断优化的动态主动防御体系，更好地应对那些"不按套路来"的风险隐患。

针对移动端不同的操作系统，通付盾分别推出了 iOS 云端加固服务和兼容 Android 安全加固方案；并对"威胁感知解决方案"进行了升级，集数据分析、威胁响应、风险关联、应用修复等功能于一体，帮助 B 端客户打造多层次主动防御体系；同时，基于"无边界"安全防护产品理念，打造了移动数字安全防护体系"无疆"，打破以网络为中心"建围墙"的传统边界防护策略，把"核心数据与业务"作为新的安全防护中心。

三、公司发展愿景与金融安全技术的未来

（一）通付盾的发展愿景

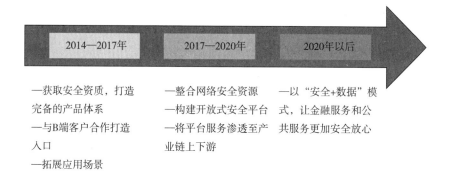

图5 通付盾未来发展愿景

汪德嘉表示，通付盾近期和未来将要做的，就是结合区块链、人工智能、大数据分析及移动安全等金融科技新兴技术，对移动互联网环境中各个应用场景中的用户、设备、应用以及行为进行可信度判断。进而构建一种全方位的金融科技应用与服务信任基础体系，以"安全＋数据"的模式，让金融服务和公共服务更加安全、放心。

对于未来金融行业面临的安全形势，汪德嘉认为："安全是金融行业赖以生存的基础，风险控制能力可能直接决定平台的生死。风险防控一定要从多维度去实现，基于深度学习、关系分析、智能决策、态势感知等特性，在海量数据分析的基础上，构建专业有效的规则、模型，结合时空维度立体探查风险规律，智能分析业务风险，实现行业

风险实时预警，及时掌控风险态势，阻断欺诈操作。"

（二）未来基于区块链技术的个人数据保护

进入 2019 年，一项事关每个纳税人的政策开始实施，那就是《个人所得税专项附加扣除暂行办法》。这项政策需要个人在国家税务总局的"个人所得税"APP 上，自行申报专项扣除信息。而这些信息涉及诸多个人隐私，像"子女教育扣除"就涉及员工配偶及子女的姓名、身份证号码、子女年龄、子女就读学校等。

这一变动造成了很多人的担心，该 APP 把各种公民核心数据汇总在一个库里，一旦这些数据遭到泄露，后果不堪设想。对于这个大家关注的问题，汪德嘉认为，区块链技术的介入将成为解决个人数据安全的最佳选择，因为它的分布式存储、去中心化、可追溯、不可篡改等优势，在未来基于区块链技术的身份识别应用中，将实现用户的数据控制权交还给用户个人，不需要依赖第三方，也不需要通过各种证据来证明"你是你"。在满足数据隐私安全的同时，去除了繁琐的身份认证审核环节，大大提升用户体验。

"在身份认证领域，区块链技术将会颠覆现有的身份认证系统，并创造新的玩法和方式，这或是必然趋势，"汪德嘉说："等区块链技术发展到一定阶段，结婚证明、身份证明、出生证明都有可能记录在区块链账本上。"

通付盾从 2013 年就开始布局区块链技术研究，并参与了中国支付清算协会数字货币研究组"基于区块链的身份认证系统研究"的课题研究。

利用区块链、无证书签名、零知识证明、智能合约等技术，通付盾身份区块链（Key Chain）及基于区块链的身份认证分布式应用 Key

Coin 已于 2018 年 3 月上线。通过在身份区块链上构建用户的数字身份，统一授权并记录用户在不同 APP 上发生的身份识别行为，如重要交易、账号登录、实名认证等，形成可追溯、不可篡改的链上身份凭证。

在汪德嘉看来，区块链给互联网时代带来了巨大的想象力和发展空间，它将以一种全新的方式，让数字金融更安全、更有效率。

梆梆安全：

传统金融移动安全的保护者

高管离职、股东要求罢免董事长、股价跌去 1/5……很难想象，这一切都发生在社交网络巨头 Facebook 创始人扎克伯格身上。而发生这一切的缘由是 2018 年的两起数据泄露丑闻。

数据泄露暴露出网络安全的冰山一角，而冰山下面则是各种黑客攻击、钓鱼网站、仿冒 APP 等无数的安全问题，其中最重要的用户信息保护和资金安全面临严峻考验。

以购物网站为例，在 2018 年"双 11"购物节前一个月，各类仿冒购物 APP 应用就接近 4000 个，其中手机淘宝、拼多多、天猫、京东、美团、唯品会等购物平台进入了被仿冒名单的前十名。在 500 多个购物类应用软件中，近九成的购物应用软件存在高危漏洞。而利用这些漏洞，黑客可以直接窃取用户的资金。

随着大数据、云计算、人工智能、区块链等数字技术在金融领域的应用不断深入，金融科技在业务、技术、网络、数据等方面，正面临着一些风险和安全挑战。

这种风险在当前移动互联网大环境下，"有可能牵一发而动全身，风险会迅速传染至其他机构和关联行业，乃至整个地区，甚至可能引发系统性风险。"2018 年 7 月，在第五届金融科技外滩峰会上，中国金融四十人论坛（CF40）常务理事、中国互联网金融协会会长李东荣说。

移动互联网时代，谁来为金融科技安全提供保障？

首要的当然是金融从业机构，但在中国移动应用安全服务行业里，除了大型互联网公司基于自身业务发展出的各种安全服务，还有一批专门为金融机构提供移动安全服务的垂直创业公司，其中一家叫梆梆安全。

这家创立于 2010 年的公司，从保护移动应用安全起家，目前已跨进国内亿元安全企业俱乐部，覆盖 2000 多家企业用户、200 多家银行，为 400 余家金融机构的手机银行、移动金融客户端等做过移动安全保护。

梆梆安全是如何助力传统金融机构科技创新发展的？这一切还得从 2010 年说起。

一、生死抉择开启 B 端赛道

2010 年 5 月，在 IDG 资本李晓军的"忽悠"下，40 岁的阚志刚和另外两位创始人辞职创业，虽然他们选择了一条自己最熟悉的赛道——为消费者提供移动网络安全服务，但创业之路的艰难，只有经历了才知道。阚志刚曾回忆说，创业三年，抵得上自己过去 40 年的人生经历。

2010 年，中国智能手机市场迎来井喷式发展，手机操作系统之间的对决也进一步升级，以苹果为主的 iOS 系统和安卓系统逐渐取代了塞班系统。

同年 9 月，轰动全国的"3Q 大战"爆发，"互联网安全"一词开始真正走进大众视野。这场持续两个多月的 3Q 大战，不仅给公众普及了网络隐私的概念，同时也让百度、阿里巴巴、腾讯（以下简称 BAT）等巨头重视起网络安全领域，并开始重金抢滩这块蓝海。

BAT 巨头的涉足，对资金、人员、规模等都处于创始阶段的梆梆来说，无疑是一个重大打击。

2011 年时，相继发布了梆梆备份、梆梆管家、梆梆杀毒、梆梆优化、梆梆防盗等一系列面向大众用户的 C 端移动产品，并在当年 5 月，积累了 300 多万的下载量。

但好景不长，随着腾讯、360 等巨头的杀入，腾讯手机管家、360 手机卫士、360 手机助手等 C 端产品，迅速占领了移动安全的绝大部分市场，用户量更是达到千万级。

巨头的布局，让梆梆安全的市场份额越来越小，这时，公司账上的资金越花越少，本来马上就要入场的 B 轮融资也退出了。

2012 年，阚志刚和他的公司迎来了第一场生存危机。

当时，包括创始人在内的 8 位高管，连续 8 个月没有领一分钱，阚志刚甚至抵押了自己的房子来维持公司运营。

"像患癌症一样，投资人下了死亡通知书，公司就要完蛋了。"再次回忆那个最难的时候，阚志刚说。

要让公司活下去，首先就要找到新的投资人，但更重要的是为公司找到新的发展方向。

在看到巨头布局 C 端后，"我们决定放弃 C 端，转做 B 端。"作为公司创始人之一的赵宇回忆说。现在，他是梆梆安全的首席运营官（COO）。

梆梆的十多个创始成员均来自赛门铁克，阚志刚当时是负责移动安全的研发总监。十多年的程序员经验，让他们开始思考，"谁来保护开发者的利益，谁来保卫开发者的 APP？"

2012 年 10 月，梆梆开始针对移动应用的开发者和拥有者提供安全服务，正式转型做"移动应用安全服务提供商"。

谈起当时的决定，赵宇说，一方面他们是技术出身，有先天优势；另一方面，移动互联网是未来的发展方向，而为企业提供移动应用的安全防护，"小到像针鼻儿一样，不容易被巨头关注到。"

回头看，这也是当时移动安全领域的两个大方向。一是以腾讯、360 等为主的大型公司为用户提供终端安全，包括病毒查杀、反垃圾邮件、垃圾短信、电信诈骗等，其商业模式更多是通过免费服务获取大量用户，然后再开发流量、广告等增值业务。另一个方向就是为企业提供移动应用（APP）安全，也就是 B 端。

毫无疑问，梆梆选择了后者，尽管赛道市场规模较小，但好在有技术优势，同时赛道上对手也非常少。

2012 年 12 月，梆梆最终拿到了红点领投、IDG 跟投的千万美元级别的 B 轮融资，从而度过了最艰难的时光。此时，阚志刚才算是长出了一口气。

赛道已定，接下来是细分行业，"一是互联网，二是金融。"赵宇回忆起当时定下来的两大行业说，"这两个是有钱的，游戏分波段可以赚钱，而金融涉及国计民生，未来也会一直发展下去。"

二、一则文件让梆梆叩开金融安全领域的大门

2012 年，移动安全的概念开始逐渐普及。移动应用出现的前期，

开发者很难想到所有可能存在的安全隐患，在用户的不断反馈下，安全问题逐渐从用户体验上显露出来，首先是手机中病毒、运行变慢，然后是个人信息泄露。

另外，以网购为基础，在支付市场，各种网络银行、移动客户端逐渐普及，但随后手机银行资金被盗等安全问题也相继出现。

手机银行客户端安全问题，也在 2012 年得到了中国人民银行的关注。

这一年，中国人民银行发布了《中国金融移动支付——客户端技术规范》，对银行 APP 客户端设置了严格的安全要求和规范，提及了对反编译、防篡改、数据安全、数据存储等移动金融 APP 客户端等多项安全指标。

到 2013 年，各大银行都相继发布了移动应用，不少大行都喊出了"移动优先"的口号，如中国建设银行和招商银行。移动互联网市场成为传统金融行业一个不容置疑的未来，而安全则是整个行业发展的基础保障。

这时的梆梆仍处于资本投入阶段，虽然为各种 APP 开发了一系列防护产品，但公司并没有真正盈利，在产品推广阶段，也因行业对安全问题不够重视等因素，推广有限。

但经过三年的开发，梆梆安全在 2014 年开始在金融领域发力。而这一切都与一则文件有关。

2013 年，中国人民银行发布了第 1 期《金融业信息安全风险提示》，要求各商业银行加强自身手机银行业务系统的安全建设，并要"持续开展手机银行客户端软件逆向分析，对漏洞采取安全加固措施。"

2014 年爆发的"棱镜事件"，让国家开始重视网络安全，包括通信安全和移动应用安全。

而此时，银监会联合中国软件测评中心对部分银行的手机银行客户端 APP 进行了安全性测评，测评过程中发现了若干高风险漏洞，而黑客利用这些漏洞能够实现对手机银行的攻击和篡改。这引起了人民银行、银监会以及被测银行的高度重视。

根据原银监会的测评，当时手机银行的风险问题，主要是手机银行客户资金面临一些恶意转账、取现等问题，以及通过植入钓鱼页面窃取手机银行用户卡号、手机号码、登录密码、交易密码等敏感信息，从而发生用户资金被盗等现象。

在监管的要求下，各大商业银行开始有针对性地寻求风险解决方案。但由于商业银行是传统金融机构，很多银行并没有设置专门的信息技术部，即便有信息技术部，也仅限于传统金融系统的维护，而不涉及手机银行研发与维护。当时大部分手机银行，是银行与外部机构合作研发的。在这种情况下，越来越多的银行不得不寻找外部的移动安全防护商。

但放眼全国，能够在这方面提供安全防护服务的公司少之寥寥，而此时的梆梆在移动应用防护方面，已经积累了四年经验。

其实，无论是银行的手机客户端，还是游戏、新闻客户端，在程序员的眼里，只不过是包括了源代码、SDK、输入输出、通讯协议等在内的一堆程序而已。对于以技术见长的梆梆来说，为手机银行提供安全防护并不是一件难事。

由此，梆梆安全叩开了金融领域的安全大门。

2014 年，来自传统金融机构的崔建勋加入梆梆安全时，他发现，公司除了为移动 APP 提供免费服务外，在金融行业提供的收费服务非常有限，而且付费用户非常少，"签了合同的金融客户才不到十家。"

但是很快，由于竞争对手较少，"许多银行相继来找，他们当时存在的问题大多都一样，就是盗版软件过多，导致用户名、银行账号和密码泄露，资金被盗。"近四年来，一直负责与传统金融机构打交道的崔建勋说。

据统计，2014 年底时，恶意 APP 的数量已经超过了 300 万。几乎所有的支付类移动客户端都存在用户信息窃取、交易被篡改的风险。同时，在移动平台上，针对 iOS、安卓金融客户端的攻击比例和强度不断增加，仅安卓平台上，超过 90% 的设备受到过非法攻击。

三、三大服务攻占桥头堡

面对当时手机银行存在的主要风险问题，梆梆安全为金融机构提供的是一种通用型产品，包括三大服务——应用加固、渠道监测、渗透。

应用加固，简单地说就是"给移动应用穿个防弹衣"，以阻止外部的各种攻击，为 APP 加固，是梆梆安全的核心技术，围绕该技术，又形成了 20 多项服务，而加固只是其中一项。截至 2017 年底，仅此一项服务，就已安装在近 8 亿部手机里。

梆梆的第二项服务是渠道监测。所谓渠道，就是应用下载的地方。中国渠道市场非常多，巅峰时，有 800 多个渠道，其中被黑或仿冒的钓鱼应用普遍存在，有超过 80% 的热门应用都存在仿冒。

"最夸张的时候，中国的渠道市场上有 80 多个盗版的微信 APP。"崔建勋说。盗版应用主要做两件事情：第一，植入广告；第二，信息窃取。只要用户输入账户和密码，后台就会留存。

崔建勋还记得，最初他去拜访银行客户时，都会提前给银行做一个全方位的渠道监测报告。有一次他发现，某大型银行发布手机银行客户端后，在中国排名前三的下载渠道上，就出现了该手机银行两个版本的下载链接，而盗版的下载量竟然排在了正版前面。这对用户来讲，是极大的风险隐患。"当我们把报告拿给客户时，客户都震惊了。"崔建勋说。

事实上，从 2014 年至今，各种仿冒、盗版层出不穷。根据梆梆安全的监测，2018 年 9 月，金融科技仿冒网页达 4.6 万个，金融科技仿冒 APP 1733 个，仿冒 APP 下载量 2389.1 万次，平均每周受害用户达 9.44 万人次。

对这些仿冒应用，渠道监测要解决的事情是，第一，发现金融机构的客户端在多少渠道上被下载，存在多少盗版；第二，对这部分盗版的应用做下架处理。

梆梆的第三个主要服务是提供安全渗透。黑客攻击的目的是，窃取数据或者盗取资金。而安全渗透，则是模仿黑客的行为，"攻击"系统，对系统做一次完整的体检，但不盗取数据和资金，目的是帮助客户发现问题，再对应地给出整改方案，修补软件漏洞。

梆梆最初为金融机构提供的安全服务，"相当于先给病人用 X 光做一个全面的体检，然后再给病人吃药。"赵宇说，最初病人患的病是一样的，用药也一样。因此，对梆梆安全而言，为金融机构开出的统一"药方"就是应用加固、渠道监测、渗透。

从 2014 年开始，梆梆安全组建了一支 10～15 人的团队，主动出击，规模性推广上述"药方"。

从银行业的头部五大国有商业银行开始，到 12 家全国性股份制商业银行，再到 100 多家城市商业银行，以及数百家农村商业银行。自上而下，崔建勋和团队在金融行业的移动应用安全加固市场全速出击。

到 2015 年上半年，各大银行对移动安全的概念已经有了较为清晰的理解，而梆梆安全也相继"攻下了金融行业这个桥头堡"。平安银行、民生银行等行业头部高端客户被"拿下"后，公司也逐渐开始盈利了。

但此时，新问题又出现了。

四、与金融机构的相互融合： 移动威胁感知

新问题就是不同金融机构的移动安全风险出现的原因各有不同，需要梆梆"对症下药"。

事实上，正如每个病人的症状一样，病因却可能不尽相同。因此，治疗方案也可能因人而异。对金融机构来说，手机客户端存在的问题可能一样，但原因和后续服务都可能不同。

2015 年后，虽然获得银行认可相对容易，但问题是，为银行提供安全防护的同时，如何解决兼容性的问题，成为此时大型银行关注的重点。

2015 年 2 月，崔建勋向中国建设银行介绍梆梆提供的移动防护三大服务时，客户问道，"给应用穿上防弹衣后，你们如何解决兼容问题，如何解决客户端闪退问题?"第一次，他被客户难住了。

实际上，兼容性的问题普遍存在于安卓客户端，而为手机银行APP 穿上"防弹衣"的同时，就有可能对业务造成一些影响。比如，打开 APP 的启动时间延长、在某些机型上闪退等，其实，不只金融机构的移动 APP 如此，其他移动应用也面临同样的问题。"原本打开一个应用需要 1 秒钟，加固后可能需要 2 秒钟。"崔建勋说。虽然只延长了1 秒钟时间，但这会严重影响客户体验。

此外，闪退也是移动应用常常出现的问题。即便是同样的机型和

通信服务运营商，手机银行客户端出现闪退的原因也不尽相同。这是由于每个人手机装载的应用不同，而且打开应用的顺序也不一样，产生的数据流自然也会不同。所以，每个用户出现闪退时，都面临着不同的使用场景，很难完全解决这个问题。

这时，崔建勋才发现，此前仅聚焦于为移动应用提供安全服务，并不能满足客户的需求。像建设银行等大型金融机构，在业务发展的过程中，又出现了新的问题和痛点，必须要解决如何在提升应用安全性的前提下，保证服务效率不受影响的问题。

当他将这个痛点反馈给梆梆技术团队时，才发现他们正在研发的新产品要解决的正是这个问题。

基于为 12306 提供安全服务的经验，梆梆在 2015 年组织技术人员对应用安全性和兼容性的关系进行了论证。结果发现，安全性与兼容性有一个此消彼长的比例关系。例如，要保证 100% 的安全性可能降低 2% 的兼容性，但如果保持 99% 的安全性，仅需要牺牲 0.1% 的兼容性。

在得知这种关系后，客户进一步提出，能否实时或至少精准地测出，对应用进行加固后，实际降低的兼容性是多少？能否使应用的兼容性和安全性保持一个"黄金比例"？能不能进一步解决闪退的问题？

这些问题也让梆梆研发人员恍然大悟。只要梆梆可以解决兼容性和闪退问题，客户的手机银行的加固就可以放心地交给梆梆安全。

此后，梆梆为金融客户量身定做了一套"移动应用安全监测"。该系统不仅可以高概率地监测到用户使用手机银行时出现闪退的原因，而且直接改变了技术部门和业务部门的工作逻辑。过去客户投诉撵着业务部门跑，业务部门撵着技术部门跑。后来在客户投诉前，技术部门就可以主动监测出问题，从而优化技术和业务。

在为客户提供移动应用安全监测的同时，梆梆将其开发成一种标准化服务从而推广给其他金融机构，该业务后来演变成集感知、阻断、溯源于一身的移动威胁感知平台，让金融机构能够通过主动防御的方式，防范各种风险。

移动威胁感知平台的整个流程是：终端信息采集—数据安全传输—机器学习分析—业务攻击防御—运营效率提升。

在互联网金融领域，该系统能够帮助用户避免自动化注册、自动化刷单、虚假提供用户注册信息等"薅羊毛"的风险，从而提升理财用户对金融机构的信任度。

终端信息采集	数据安全传输	机器学习分析	业务攻击防御	运营效率提升
采集用户安全行为数据 采集操作系统底层数据 采集设备信息唯一标识	数据白盒加密处理 保障数据机密性完整性 防篡改，防伪造	基于用户操作行为的人机识别 基于底层数据的虚假设备识别 基于环境数据的用户画像	过滤机器人及羊毛党 关联分析发现无效用户 防御定制化金融业务攻击	辅助发现高价值推广渠道 辅助发现高价值用户 降低总体风控成本

图1 移动威胁感知平台流程

五、升级： 移动金融安全的整体解决方案

随着金融机构的移动安全需求越来越多，梆梆安全的业务也开始朝平台化和体系化发展。

2014年，全球权威IT研究与顾问咨询公司Gartner提出自适应安全框架（ASA），从预测（Predict）、防护（Prevent）、检测（Detect）、响应（Reaction）四个维度，强调安全防护是一个持续处理的、循环的过程，多角度、持续化地对安全威胁进行实时动态分析，自动适应不断变化的网络威胁环境，并不断优化自身的安全防护机制。

2018 年，梆梆安全基于 PPDR 模型的产品架构，为包括金融机构在内的企业用户提供了一整套的安全服务体系。在该体系中，PPDR 模型被分为 12 个关键能力，企业可以根据自身业务需求，有侧重地选择安全防护。

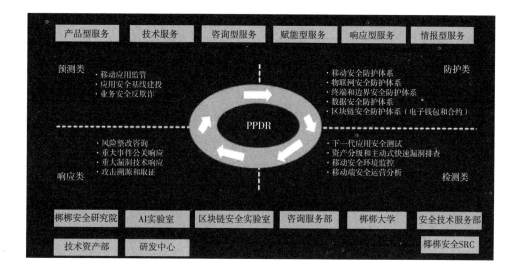

图 2　PPDR 模型

对梆梆安全来说，网络安全本质是以程序安全（代码安全）为核心。梆梆监测发现，许多 APP 出现的 70% 的安全问题都是在开发阶段引入的，穿"防弹衣"只起到一个保护作用，而最终治本的办法是在开发阶段找到问题。

为此，梆梆安全研发了安全开发管控平台。从核心代码窃取、加密算法破解、控制协议、后台交互逻辑保留、后台漏洞暴露等方面，发现程序安全风险，采用程序加密、程序混淆等确保开发阶段的安全。

针对金融机构，在相应安全标准要求下，开发者在设计和开发产品时，就可以将安全代码嵌入程序中，然后再自动化检测、安全加固，最终发布。这个阶段，解决的是开发阶段的安全问题。

梆梆另一个平台型的产品是移动威胁感知平台，其中包括四个核心组件，分别是安卓系统组件、iOS 组件、智能设备组件、控件组件。

伴随移动互联在金融领域的深入应用，传统银行业务也发生了巨大改变。作为"互联网+"的商业模式之一，开放银行近几年开始逐渐发展起来。这种模式是指银行透过移动互联网将金融服务能力输出给第三方，在这个过程中，银行不必直接面对客户，而是通过合作伙伴为客户提供各种金融服务。

近几年，国内已有中国银行、建设银行、工商银行、平安银行、华瑞银行等相继推出互联网开放平台。

新模式发展过程中，如何保证安全？

在开放银行"引进来"的情形下，就需要根据业务场景，对第三方软件开发工具包（Software Development Kit，SDK）进行全面、系统测试。

而对于开放银行"走出去"的业务场景，梆梆安全专门面向第三方支付等提供商开发了 SDK 加固技术，对 SDK 的 java、c 层面进行全面保护，并支持 zip、aar 格式的 SDK，在移动应用之外拓展保护边界。

除了平台化和体系化的防护，纯人工的安全服务团队也不可忽视。这三大块，构建了梆梆在移动金融安全领域的整体解决方案。

随着安全技术和业务的不断融合，"金融行业的复购率可以达到88%左右。"赵宇说。截至 2018 年底，梆梆服务的传统金融客户达到200 多家，已成为梆梆安全最重要的盈利点之一。

六、未来：T 字发展　布局物联网

根据艾瑞咨询发布的《2017 年中国移动应用安全服务行业白皮

书》，中国的移动应用安全行业处于快速发展的初期阶段，市场集中度相对较高，虽然部分在市场上较为突出的企业进入市场较早，具有一定的技术壁垒，并且业务覆盖相对较广，但市场尚未出现龙头企业，整个市场的准入度较高。

当前在移动应用安全服务市场里，主要玩家有两类：一是互联网巨头在移动应用安全方面的布局，如百度移动安全、阿里聚安全等；二是深耕移动应用安全的垂直创业企业，如梆梆安全、通付盾、爱加密和娜迦科技等。

在人工智能、大数据、云计算等科技不断渗透金融行业时，对金融安全服务的要求也在日益更新。因此，各大玩家也通过不断融资升级产品及服务占领市场。

2010 年至今，梆梆安全已融资四轮，其中 D 轮融资超过 5 亿元人民币，到 2018 年底，估值超过 35 亿元人民币。

下一步，如何建立竞争壁垒，是梆梆安全面临的挑战。

在赵宇看来，与同行相比，梆梆的优势在于两点：第一，以技术为支撑的先发优势；第二，由专业带来的综合能力提升。"在金融领域，专注移动安全，是我们最核心的点。"他说。

赵宇表示，梆梆安全在金融领域的未来可以概括为 T 字战略，一方面横向扩大移动安全防护的产品体系；另一方面纵向突出重点，跟各种金融业务、金融服务场景进行深度融合，基于 PPDR 体系，进行全方位的移动金融安全防护。

伴随智能家居、自动驾驶等物联网的发展，也产生了新兴的移动应用安全需求。物联网是梆梆安全未来最重要的一个发展方向。

2016 年，梆梆安全就成立了物联网安全实验室，提早布局物联网金融安全领域的研究。

物联网金融是物联网和金融深度融合，将传统金融的主观信用体系变革为客观信用体系的金融新业态。通过资金流、信息流、实体流的融合，三流合一，银行、证券、保险、租赁、投资等众多金融领域，将产生深刻变局，未来将是一个全新的客观信用金融时代。

总结来看，物联网安全和移动互联网安全，是梆梆和整个行业最重要的两个领域。赵宇强调，这也是未来智能生活最重要的两个领域，"保护智能生活，这是我们的态度。"